# Machtlos

**Umschlag Vorderseite:**
Dieser Stein des Anstoßes
liegt vor dem Eingangstor meiner Schule.
Ursprünglich diente er als Puffer,
falls die Pferdewagen zu nahe
an die Hauswand kamen.
So konnte diese nicht beschädigt werden.
Ich habe dieses Foto bewusst ausgewählt.
Möge mein Buch den einen
oder anderen zu Denkanstößen verhelfen.

Dann wäre ich gerne ein Stein des Anstoßes.

Ingrid Walpusky

# Machtlos

**Vom Versagen in der Berliner Schulpolitik**

Der Mensch kann nur Mensch werden
durch Erziehung (Immanuel Kant)

Impressum:
*Copyright© 2014 Ingrid Walpusky*
*Fotos: Privatarchiv Ingrid Walpusky*
*Herstellung und Verlag: BoD – Books on Demand, Norderstedt*

*ISBN: 978-3-* 735783035

# Inhaltsverzeichnis

Vorwort .................................................................. 7
Mein Rollenverständnis vom Lehrerberuf ........... 17
Ankunft: Berlin ....................................................... 29
Meine Bildungs-ANSTALT ................................... 32
Die personelle Ausstattung .................................. 41
Kooperationen mit außerschulischen Partnern ... 55
Klassenfahrten und Ausflüge ............................... 59
Meine Schülerschaft ............................................. 61
Mach mal Pause, klatsch mal wieder ................... 69
Schule schwänzen – na, und? ............................. 76
Familienwerte - werte Familien ............................ 82
Andere Länder - andere Sitten ............................. 87
Zum Thema Gesundheit ....................................... 97
Feste feiern ......................................................... 105
Integration erfolgt durch Bildung ........................ 107
Migration und Kriminalität .................................. 111
Mein persönlicher Klassenkampf ....................... 120
Der Anfang vom Ende ........................................ 139
Weg(e) aus der Misere ....................................... 149
Neue Ziele- neue Inhalte .................................... 152
AufmerksamkeitsDefizitHyperaktiviäts-Syndrom 159
Was die Schule leisten könnte ........................... 162

Nachwort .......................................................... 170
Anhang ............................................................. 171
Literaturnachweis: ........................................... 181

# Vorwort

*40 Dienstjahre in der Schule! Das schafft nach mir doch keiner mehr!*
Mit diesen Worten verabschiedete sich mein ehemaliger Schulleiter mit 65 Jahren in seinen Ruhestand.
*Hoppla,* dachte ich, *das stimmt nicht:* **Ich** *werde es auch schaffen!*
Das war im Jahr 2000, vor 13 Jahren also. –

## Rückblende

Meine Urkunde zum 25-jährigen Dienstjubiläum habe ich noch in Nordrhein-Westfalen erhalten. Kurz dann kam mein Umzug nach Berlin-Mitte, aus persönlichen Gründen.
Was für ein krasser Unterschied! Obwohl in dieser Stadt geboren und den Kontakt zu meinen Berliner Freunden nie verloren, sollte mich diese „Zu"- Stadt bald in jeder Hinsicht belasten: zu laut, zu dreckig, zu groß, zu atheistisch, zu viel Multikulti…
Das hatte ich nicht erwartet. Dabei hatte ich mich sehr auf meine Tätigkeit in Berlin gefreut.
Ausgehend von dem unerwarteten Tod der Berliner Jugendrichterin, Frau Kirsten Heisig, und ihrem 2010 erschienen Buch: *Das Ende der Geduld,* möchte ich daraus folgendes wörtlich zitieren:
*„Wir müssen uns gemeinsam Gedanken machen, wie es in dieser Gesellschaft weitergehen soll. Und wir müssen handeln. Jetzt."*

Der Inhalt ihres Buches hatte mich erschüttert, waren es doch teilweise meine Schüler, die an ihrem Richtertisch standen. Namen von Jugendlichen, die ich kannte, tauchten in ihrem Buch auf. In der einen oder anderen Schilderung meinte ich meinen Schüler wieder zu erkennen; auf einem Foto war tatsächlich mein damaliger Schüler abgebildet! Über ihn berichte ich an anderer Stelle.
Ihr Tod gab mir aber auch die Motivation zum Schreiben eines eigenen Buches.

Jeder Jugendliche hatte eine Vorgeschichte und diese fängt nun mal in der Familie an.

Die 28 Jahre in Bonn habe ich in sehr guter Erinnerung; die letzten acht Jahre in Berlin-Mitte dagegen haben mich über den Rand meiner Belastbarkeit geführt und mich somit zu einem vorzeitigen Ausscheiden aus dem Schuldienst getrieben.
Nicht der Unterricht selbst, sondern die Bewältigung von Konflikten aller Arten sollte mir bald das Leben zur Hölle machen und ließ mich fast unmerklich in meinen eigenen beruflichen Abstieg gleiten.

Dieses Buch ist nicht als Abrechnung mit der Institution Schule, Schulleitung oder Kolleginnen und Kollegen zu verstehen. Vielmehr wollte ich die sachlichen Hintergründe kennenlernen, welche schließlich zu meinem Ausstieg aus dem aktiven Schuldienst führten. Dabei streife ich notwendigerweise auch hoch brisante, politische Themen, die ich nur laienhaft verstand und interpretieren konnte.
Mein Buch beschreibt nur einen kleinen Teil meiner schulischen Tätigkeit.

Meine Motivation zu diesem Buch war u.a. ein Plädoyer für die Inklusion behinderter Kinder und Jugendliche. In einer Zeit, in welcher Behinderte nicht benachteiligt werden dürfen, ist es einfach ein Unding, Sonderschulen mit dem Status „Lernbehinderung" zu halten. Diese Schülerinnen und Schüler gehören integrativ in die „normalen" Schulen und müssen durch Fachkräfte wie Sonderpädagogen, Sprachheillehrkräfte, Therapeuten usw. entsprechend ihrer Behinderung gefördert werden!

Im Grundgesetz der Bundesrepublik Deutschland Artikel 3, 3 steht:
*…niemand darf wegen seiner Behinderung benachteiligt werden.*
Ein anderer Grund zum Schreiben lag in der Verarbeitung meiner Biografie soweit sie sich auf schulische Belange bezog.
Der Leser möge es mir nachsehen.

Im I. Kapitel beschreibe ich meine Vorstellungen meines Berufes und die einer modernen Schule als „*Haus des Lernens*" mit gut ausgerüsteten Lehrkräften und lernbegierigen Kindern.
Dem folgt ein Kapitel über den katastrophalen Zustand der Bildungseinrichtungen, der mir an Berliner Schulen, insbesondere einer Förderschule, entgegen schlug.
*Ich will mit euch nicht länger hinnehmen, dass man Schulen daran erkennt, dass sie die verkommensten Gebäude der Stadt sind.* (Auszug aus der Rede von Peer Steinbrück am Bundesparteitag 2012). Dem möchte ich zustimmen.
Dabei hinterfrage ich die Ursachen der zunehmenden Verrohung unserer Kinder und Jugendlichen, betrachte ihre Elternhäuser und informiere mich über ihre Herkunftsländer.
Schließlich versuche ich über ein mögliches Angebot *Wege aus der Misere* zu finden. Hierbei beschreibe ich meine persönliche Sicht zur Möglichkeit von Integration durch Bildung und fordere aber auch Änderungen aus den entsprechenden Ämtern und Dienststellen.

Unser „Gut" ist die Bildung!

Damit die Anonymität meiner Schülerinnen und Schüler gewahrt bleibt, habe ich ihnen andere Namen zugeordnet. Ihre erzählten Geschichten konnte ich nicht verifizieren, aber ich gehe davon aus, dass sie alle wahr sind.
Immer dann habe ich wörtlich zitiert, wenn die Aussagen anderer sich mit meinen Erfahrungen deckten oder wenn meine Forderungen und Vermutungen durch deren prägnanten Formulierungen unterstützt wurden.

Um es vorweg zu nehmen: Ich habe nach 36 Dienstjahren den Schwamm bzw. das Handtuch geworfen:

   ICH HABE KAPITULIERT!
Berlin/Ostseebad Baabe, im Herbst 2014

# Rückblick Bonn

Mein Wunsch war von je her Lehrerin zu werden. Bereits im Kindergarten half ich einem behinderten Jungen bei seinen alltäglichen Dingen. Des mag mich früh geprägt haben. Ich liebte Kinder, besonders die Schulanfänger. Vielleicht hatte mich meine eigene Grundschulzeit so positiv geprägt. Oder aber war es mein späteres Internationale Gymnasium, die nicht einfache Zeit mit den Paukern, dass ich es mal besser machen wollte als sie, teils Lehrer, die geprägt waren durch den Nationalsozialismus? Ich weiß es nicht mehr genau. Da meine Eltern, Vater Akademiker, mich zum Studium drängten, wählte ich das nur sechs Semester währende Studium für das Lehramt. So blieb ich insgesamt fast 40 Jahre im Bonner Raum „hängen".

Als ich 1975 mein 2. Staatsexamen für das Lehramt der Grund- und Hauptschule in Bonn bestanden hatte, freute ich mich sehr auf meinen Beruf: Endlich eigenständig handeln, die Unterrichtsstrukturen selbst bestimmen, die Klasse nach meinen pädagogischen Vorstellungen „formen". Ein Paradies nach der Schulreform der 70er Jahre hat sich mir aufgetan, indem ich die neuen Methoden, weil kindgerecht, einsetzte. Ich war begeistert vom offenen Unterricht - wodurch fächerübergreifendes Lernen möglich wurde - von interessanten Projektarbeiten, an denen die Schülerinnen und Schüler Geschehen beteiligt wurden und sie bestimmten sowohl die Inhalte als auch das Lerntempo. Ich fühlte mich nicht durch äußere Zwänge eingeengt, dass ich z.B. für Tests arbeiten musste oder nur vorgegebene Themen behandeln durfte. Den Stundenplan konnte der Klassenlehrer selbst erstellen unter Berücksichtigung der vorgegebenen Sport- und Schwimmstunden, da nahezu der gesamte Fächerkanon vom Klassenlehrer abgedeckt wurde. Somit war es möglich, den Stundenplan nach lernpsychologischen Erkenntnissen zu stecken, zumal der 45-Minutenrhythmus und damit das Klingelzeichen zugunsten eines fließenden Fachwechsels abgeschafft worden war.

Voller Euphorie nahm ich also die neuen Ansätze aus der Reformpädagogik in meinen Unterricht auf wie: Freie Arbeit, Wochenplanarbeit, individualisierte Lernpläne, Lernen mit allen Sinnen usw. Meine Schülerinnen und Schüler, unterstützt durch ein am Schulleben interessiertes Elternhaus, lernten ziemlich schnell mittels der Erstlesemethode: *Lesen durch Schreiben* nach einem Konzept, das Jürgen Reichen (ein Schweizer Reformpädagoge) entwickelt hatte:

*Im Mittelpunkt der inzwischen recht bekannten Methode "Lesen durch Schreiben" stehen die Freude am Schreiben, die Förderung der Kreativität und der Selbsttätigkeit der Kinder und in Folge das daraus resultierende Lesen. Bei der Methode "Lesen durch Schreiben" nach Dr. Jürgen Reichen lernen die Kinder individuell beim Schreiben per Anlauttabelle das Lesen. Die Kinder üben nicht wie beim herkömmlichen Fibelunterricht zunächst gemeinsam Buchstaben, leichte Wörter und später kurze Texte, sondern sie können per Anlauttabelle von Anfang an, je nach Lernausgangslage, kleine Wörter schreiben und mit der Zeit auch lesen. Im Gegensatz dazu ist der gemeinsame Fibelunterricht, besonders das Vorlesen vor der Klasse, oft eher kontraproduktiv, besonders für schwache Vorleser. Das Vorlesen fällt bei dieser Methode vollkommen weg, es sei denn, es geschieht aus freien Stücken des Kindes.*

*… ist das selbständige, selbst gesteuerte Lernen. Jedes Kind lernt Schreiben und Lesen seinem eigenen Tempo entsprechend. Während in früheren Fibellehrgängen Schritt für Schritt im Klassenverband eine Übung nach der anderen gemeinsam durchgearbeitet werden musste, arbeitet beim Prinzip "Lesen durch Schreiben" jedes Kind in seinem individuellen Lerntempo. Kein Kind wird wie beim Fibelunterricht in einen Lehrgang "gepresst": "Fibelunterricht ist Frontalunterricht im Klassenverband und geprägt von Nachahmungslernen durch wiederholtes Üben; Bei "Lesen durch Schreiben" geht es dagegen um ein weitgehend individuelles Lernen durch Einsicht."* (Quelle: www.lehrer online.de/url/lesen-durch-schreiben)

Freiarbeit, welche dem Schüler und der Schülerin selbstständiges Lernen sowie Teamarbeit oder auch andere Organisationsformen ermöglichte, wurde zum festen Bestandteil meines Stundenplans. Während den Freiarbeitsphasen konnten sich die Schüler mit unterschiedlichen Themen und Angeboten auseinandersetzen, basteln malen oder aber auch nicht verstandenen Unterrichtsstoff mit mir oder in einer Kleingruppe wiederholen.

Jedes Kind sollte nach seinen individuellen Möglichkeiten und Fähigkeiten gefördert und gefordert werden. Hilfreich hierfür diente mir das Lehrprogramm der Pädagogin Maria Montessori mit ihrer fordernden Prämisse:

*Hilf mir, es selbst zu tun.*

Das Wichtigste dabei war für mich, den Schülern beizubringen, wie sie eigenständig lernen können. Die Schülerinnen und Schüler entwickelten somit Methodenkompetenzen und gleichzeitig wurde ihre soziale Kompetenz erweitert bzw. gefestigt.

Eine gute Anleitung zu selbstbewusstem, wissbegierigen Heranwachsenden, die so gelernt haben, sich in der Medienwelt zu Recht zu finden, wurde somit den Kindern mitgegeben. Offene Klassentüren führten zu einem leiseren Geräuschpegel, was allen gut tat.

Gut vorbereitete und klar strukturierte Wochenpläne individualisierten wirklich, auch wenn ich für die Vorbereitung Stunden brauchte. Zum „Glück" gab es noch kein Internet, sonst hätte ich noch länger für die Erstellung von Arbeitsblättern gebraucht.

Die von mir erstellte Wochenpläne bedeuteten, dass fast jedes Kind ein auf sein eigenes Leistungsniveau zugeschnittenes Arbeitsblatt mit Aufgaben aus verschiedenen Lernbereichen wie Mathematik, Deutsch, Sachkunde Musik oder auch Basteln bekam. In beliebiger Reihenfolge wurde dieser Wochenplan bearbeitet und manche Aufgaben davon auch der Klasse präsentiert.

Dies gab mir die Gelegenheit, mich den individuellen Bedürfnissen meiner Kinder zu stellen bzw. lernschwache Kinder mit entsprechenden pädagogischen Materialien speziell zu fördern. Ich als Lehrerin wurde immer mehr zum Lernbegleiter und Ansprechpartner der Kinder.

Früh übten sich bereits die Erstklässler in Partnerarbeit, in gegenseitiger Hilfestellung, wobei ihr Teamgeist durch interessante Projektarbeiten zusätzlich gefördert wurde.

Ich sah die Schule zeitlich dem Elternhaus folgend als temporären Lebensraum und bemühte mich, dass es ihnen gut geht. Damit die Kinder sich den Lernstoff leichter einprägen konnten, wurden gerade im Anfangsunterricht alle Sinne mit eingesetzt; Buchstaben nicht nur hören und sehen, sondern sie auch malen, ertasten, kneten oder auch Buchstaben backen und sie aufessen. Das machte Spaß und förderte die Lernmotivation. Die Kinder fühlten sich wohl und kamen gerne in die Schule.

Nach etwa 20 Jahren meiner Tätigkeit an verschiedenen Grund- und Hauptschulen im Bonner Umland kam ich an eine Grundschule, welche sich für ihre reformpädagogischen Fortschritte in Bonn-Bad Godesberg einen Namen gemacht hatte.

Hier konnte ich meine Vorstellungen einer modernen, dem Kind zugewandten Schule umsetzen. Ausflüge, Jugendherbergs- und Klassenfahrten waren kein Problem für die Lehrkräfte: alle Kinder fuhren gerne mit und konnten ihren Unkostenbeitrag auch bezahlen. Bei der Verpflegung wurde natürlich auf Moslems Rücksicht genommen und zum Schweinefleisch Alternativen angeboten, obwohl es nicht viele Moslems waren.

Es kam gelegentlich vor, dass (Einzel-) Kinder aus wohl behütetem Haus (so genannte: overprotected child) von deren Eltern nachts zum Schlafen nach Hause abgeholt werden mussten, weil sie unter Bauchschmerzen oder anderen psychosomatischen Symptomen litten.

Trotzdem waren es für uns alle wunderschöne Erinnerungen, wenn auch mitunter anstrengende, weil kurze Nächte.

Kinder, die unsere Schule besuchen, kamen zumeist aus Familien, die sich für die Erziehung und Bildung ihrer Kinder interessierten. Eltern unterschiedlicher Herkunft bereicherten uns mit ihrer Kultur und mit ihrer Offenheit gegenüber dem deutschen Kulturgut. Nahezu alle Eltern nahmen aktiv an der Schulgestaltung teil, was wir Lehrkräfte als sehr gewinnbringend empfanden und Grundlage unserer schulischen Arbeit war. (Siehe Homepage: *www.ggs-heiderhof.de)*

Sehr schnell erfuhr ich aber auch, wie anstrengend Elterngespräche und Elternabende sein können. Stets musste ich mich sorgsam auf beides vorbereiten. Das tat ich in schriftlicher Konzeption, damit ich nur gar nichts vergesse zu erwähnen.

Die Elternschaft meiner Schüler gehörte durchweg der höheren Sozialschicht an, Ausländerkinder kamen überwiegend aus Diplomatenfamilien mit hohem Bildungsniveau und Interesse an der Bildung in einer deutschen Schule. Je höher der eigene Bildungsgrad war, desto höher waren auch die Erwartungen ans eigene Kind, die sich niederschlugen in Forderungen an die Lehrkraft, ihr Kind bitteschön zum Abitur reif zu machen. Nicht selten wurde ich in den ersten Schulwochen von ehrgeizigen Eltern ermahnt: *Ich wünsche, dass mein Kind auf das –private - Gymnasium kommt!*

Nicht immer habe ich die von ihnen erwartete Antwort gegeben. Das führte auch schon mal zur Umschulung des Kindes, weil ich angeblich *keine gute Lehrerin* sei. Mir tat es um die Kinder leid, die woanders auch nicht besser waren, wie ich von den Kollegen später erfuhr.

Ich möchte aber auch nicht verschweigen, dass ich manchmal Probleme mit Eltern hatte, wenn sich ihre Zukunftspläne ihres Kindes sich nicht mit der Entwicklung ihrer Kinder deckten. Dann hieß es schon mal: *Sie haben mein Kind nicht genug gefördert! Ich beschwere mich beim Schulrat über Sie!*

Auch wenn jedes Elternpaar sicherlich stolz auf seinen Nachwuchs war, sollte es ihm Raum zur Weiterentwicklung geben und es nicht ständig gängeln und einengen. Es muss und soll Fehler machen dürfen, auch wenn sie schmerzhaft sind

Die besten Eltern nach meiner Meinung sind die, die begleitend ihrem Kind zur Seite stehen, die Zeit für es haben und sich für ihr die Erziehung ihres Kind interessieren.

Die Eltern zeigten enormes Interesse und Mitarbeit an den Elternabenden. Ihnen lag viel an der Förderung und Forderung ihrer Kinder.

In den Bonner Schulen habe ich überwiegend Eltern gehabt, die sehr genau wissen wollten, was ich wann, warum und wie tue. Transparenz ist sicher begrüßenswert, aber meine Spontaneität durfte darunter nicht leiden. Hier gab es schon mal Reibungspunkte bis hin zu einer angekündigten Dienstaufsichtsbeschwerde, welche aber dann doch nicht gestellt worden ist. Mein damaliger Schulrat meinte nur lakonisch zu mir: *Wenn ich allen Beschwerden gegen Lehrkräften nachgehen würde, käme ich nicht mehr zu meiner eigenen Arbeit.*
Das habe ich verstanden.
Diese Probleme waren regionsspezifisch.

Besonders gerne erinnere ich mich an die vielen christlichen Feste, wie St. Martin oder die Adventszeit im katholischen Rheinland.
Ein weiterer Höhepunkt im Schulleben war das Feiern des rheinischen Karnevals in der Turnhalle mit Besuch des amtierenden Kinder- und auch Erwachsenen-Prinzenpaares.
Die jährliche stattfindenden Schul- und Sportfeste wurden mit unermüdlicher Unterstützung der ausländischen Eltern mit organisiert. Sehr begehrt war natürlich das Internationale Büfett mit fremdländischen Speisen, die unsere Schülerschaft stolz mit ihren Eltern anboten.

Diese Feste wurden in der Schule natürlich intensiv gefeiert: alle, Schüler, Eltern und Lehrkräfte beteiligten sich an den umfangreichen Vorbereitungen. Gerade die ausländischen Kinder, überwiegend Diplomatenkinder, hatten ihre helle Freude am Kennenlernen und an der Ausübung deutschen Kulturgutes.

In Einstimmung auf das in der Schulaula gefeierte Weihnachtsfest unter Beteiligung aller Klassen wurde die Gestaltung einer kleinen Feierstunde am Adventsmontag in den Klassenverbänden vorbereitet und dargeboten: Es wurden christliche Lieder gesungen und kleine Aufführungen von den Klassen dargeboten. Einschulung,

Maiansingen (mit kleinem Umtrunk) und Jahresabschlussfeiern fanden immer mit Eltern statt.

Zugute kam allen Lehrkräften der Gedankenaustausch durch kollegiale Gruppenhospitationen, wo reihum eine Lehrkraft zu einem Unterrichtsbesuch einlud. Ihre Schüler kamen an dem Tag extra eine halbe Stunde früher in die Schule! Für uns Pädagogen war es sehr sinnvoll, Eindrücke anderer Unterrichtsformen sammeln zu können und somit über den eigenen Unterrichtsstil zu reflektieren. Ein angenehmer, von der Schulleitung durchaus beabsichtigter Nebeneffekt war, dass der Klassenraum zuvor aufgeräumt werden musste.

Offene Klassentüren, gleitende Anfangszeiten gegenseitige Hospitationen der Lehrkräfte u.v.m. kennzeichneten eine angenehme Lernathmosphäre für Lehrer als auch die Kinder. Sie kamen durchweg gerne in die Schule.

Rückblickend möchte ich dieses Schulleben als Multikulti im ursprünglichen Sinne bezeichnen: Die ausländischen und deutschen Kinder fühlten sich wohl und schlossen ohne Vorurteile teilweise enge und lang währende Freundschaften miteinander.
Ich denke gerne an die Zeit in Bonn zurück.
Vielleicht lag`s an der Beschaulichkeit dieser Region?

Aus privaten Gründen zog ich 2003 nach Berlin. Ich wollte dieser Stadt, in der ich geboren war, etwas Gutes tun, hatte ich doch hier meine glücklichen Kindheitstage bis zum Mauerbau 1961 verbracht.

Aber es kam ganz anders als gedacht.

# Mein Rollenverständnis vom Lehrerberuf

Sollte ich mir im Internet ein Persönlichkeitsprofil erstellen, so könnte es so aussehen:

*Attraktive, sportliche, fachkompetente und aufgeschlossene Lehrerin sucht neue Herausforderungen im Schuldienst. Ihren Führungsstil bezeichnet sie selbst als mäßig-autoritär. Sie legt Wert auf gepflegtes Äußeres und versinnbildlicht die Tugenden wie Pünktlichkeit, Offenheit, Zuverlässigkeit und ein moderates Ordnungsbedürfnis. Ihre fachlichen Stärken sind der moderne Sportunterricht mit hohem Spaßfaktor und ein am Kind orientierter Mathematikunterricht. Außerdem verfügt sie über ein hervorragendes Organisationstalent, welches sie mehrmals im Jahr bei sportlichen Wettkämpfen unter Beweis stellt und die Liebe zur Musik.*
*Sie ist kontaktfreudig und hat ein sympathisches und selbstbewusstes Auftreten. Sie ist leidenschaftlich mit ihrem Beruf verbandelt. Ihr Unterricht ist erfrischend, da sie viel Humor hat nach der Devise: Jeden Tag mindestens einmal lachen! Und das schafft sie auch.*
*Da sie auch sehr eigenwillig sein kann, sind Gespräche mit Eltern nicht immer von Harmonie begleitet. Sie hat ihre eigene Vorstellung von Kindererziehung, hat sie selbst vier Kinder groß gezogen. –*

Ich halte für die weitere Entwicklung des Kindes neben der Betreuung in Kindertagesstätten nach wie vor die ersten Schuljahre für außerordentlich wichtig, da hier alle Kinder die Kulturtechniken erlernen. Außer lesen, schreiben und rechnen können zähle ich hierzu auch den richtige Umgang mit Schere, Klebstoff, Hefte funktionsgerecht führen, sich alleine an- und ausziehen können usw.

Grundwerte, wie sie sich in unserer Gesellschaft in Kultur und Religionsformen wiederfinden wie z.b. das Gebot der Nächstenliebe, das Verbot des Diebstahls, aber auch die Grundlagen unserer Demokratie, müssen vermittelt werden. Das habe ich in Berlin ganz anders erlebt.

*…Werte bilden die „Grundpfeiler" eines jeden Zusammenlebens, ohne die ein solches nicht möglich wäre. Das grundsätzliche Verhalten der Menschen in einer Gesellschaft, ihr Tun oder Lassen wird durch Werte bestimmt. Die Erziehung muss daher das Kind Werte „unterscheiden und für sich Werte entscheiden lehren".*

*…….. Werte in der Erziehung… Sie dienen als Orientierungshilfe, was das Gelingen des menschlichen Zusammenlebens ausmacht. … Eltern sind Vorbilder für ihre Kinder… Deshalb sollten wir Kindern Normen und Werte vorleben, die von der Gesellschaft akzeptiert werden und die das Zusammenleben erleichtern. …Es ist notwendig, Kindern Grenzen aufzuzeigen und sie zu lehren, damit umzugehen. (Quelle: Katholische Familienbildungsstätte Westerwald/Rhein-Lahn)*

Erziehungswerte implizieren den liebevollen Umgang mit Kindern, wobei die Eltern eine Vorbildfunktion übernehmen.
Weiterhin müssen die Kinder soziale Kompetenzen erwerben, um miteinander zu lernen und zu spielen.

Dazu dienten verbindliche Regeln, deren Grenzen und Sanktionen. Ich habe es geschafft durch gezielte Förderung den Kindern das Lesen beizubringen, wobei unterschiedliche Lernvoraussetzungen unterschiedliches Lerntempo erforderten und damit auch unterschiedliche Zugänge zum Lernen (mit allen Sinnen).

Interesse an der Wissensvermittlung wecken, wobei Lesen die Motivation schlechthin war, das Informationsbedürfnis als der Motor des Lesen Lernens, ob Computer oder Buch, auszunutzen, das war mein Ausgangspunkt.

Um einen guten Kontakt zu meinen Erstklässlern zu erhalten, habe ich jedem Einzelnen einen Begrüßungsbrief nach Hause gebracht, persönlich. So konnte ich schon mal die Umgebung kennen lernen oder sogar das Kind selbst, wenn es zufällig vor der Tür war. Dies schaffte eine nicht zu unterschätzende Vertrauensbasis, auf die ich immer wieder zurückgreifen konnte. *Habt ihr im Winter Vögel an eurem Futterhaus gehabt? Bellt euer Hund noch immer so viel? Ist eure Schaukel im Garten repariert worden?*

Das sind alles Erfahrungen, die ich durch persönliche Empfehlungen älterer Kolleginnen erhalten habe und durch kein Studium an der Hochschule erfahren habe.
Meine Erstklässler bekamen von mir aus der Klassenbücherei ein Erstlese-Buch, in welchem sie immer dann lesen oder es anschauen durften, wenn sie mit ihrer Aufgabe fertig waren und wir noch kein Klassengespräch haben konnten. Das taten sie gerne und meinten: *Ich kann schon lesen.* Manche wollten zu ihrem Buch etwas der Klasse dann auch berichten oder konnten schon vorlesen.

Es war für mich ein tolles, beglückendes Gefühl, Kindern lesen und schreiben beizubringen. Es war auch spannend, wenn meine Grundschüler mit ihren Entdeckungen vom Nachmittag in die Klasse gerannt kamen: *Ich habe eine toten Vogel gefunden!* Was bringen diese Kinder schon ein Potenzial an Neugierde und Wissen mit. Wie lebendig war der Unterricht, wenn er von Schülern mitgestaltet werden konnte. Je länger ich im Schuldienst war, desto gelassener wurde ich. Ich kümmerte mich weniger um die zunehmende Bürokratie als mehr um die Interessen meiner Schüler, deren Fähigkeiten heraus zu kitzeln bzw. deren Fertigkeiten zu verbessern.

Zum Glück gab es an dieser Schule statt des ständigen Klingeln nach jeder Unterrichtsstunde nur noch ein Pausenzeichen, so dass ich die neunzig Minuten frei gestalten konnte und wir zwischendurch zum nahe gelegenen Wald oder Spielplatz gehen konnten, wenn wir mal nicht so richtig Lust auf den Klassenraum hatten.

Als einmal die Heizungsperiode trotz eisiger Kälte im September nicht vorgezogen wurde, ging ich kurz entschlossen mit meinen Erstklässlern zum nahe gelegenen Heizkraftwerk und wir protestierten vor dem Tor: *Es ist zu kalt. Macht die Heizung an!* Eine wunderbare Freiheit, die ich als Pädagogin hatte.

Viel Spaß hatten meine Schüler bei unseren Entdeckungsreisen in die Welt der Zahlen, Mathematik, meinem Lieblingsfach. Meine Euphorie für dieses Fach schwappte auf sie über. Dank geeigneter Materialien und der Möglichkeit zur inneren Differenzierung erreichten alle Kinder vorgegebene Ziele, wenn auch mit Hilfe von Förderstunden.

Tests oder Klassenarbeiten wurden von mir so individuell konzipiert und die Note manchmal auch aus pädagogischen Gründen angehoben, so dass jedes Kind eine positive Rückmeldung erhielt, welches ihn zu weiterer Anstrengung motivierte. Ich bot den Kindern unendlich viele Lernspiele an. So machte Lernen tatsächlich Spaß.

Es war auch für mich noch von besonderer Freude, die Kinder im Sportunterricht selbstständig und selbsttätig Bewegungsabläufe erfinden zu lassen. Dazu wurde so manches Sportgerät zweckentfremdet: Es ging kopfüber, kopfunter, alleine, zu zweit, in der Gruppe, alle denkbaren Ideen der Kinder flossen ein; die Turnhalle glich oft einem Abenteuerspielplatz. Ich als Lehrkraft musste nur den Mut aufbringen, die Kinder loszulassen, denn sie waren so kreativ. Keine vorgegebenen Strukturen des letzten Jahrhunderts, sondern Erproben von Bewegungsabläufen war nun angesagt.

Sehr dienlich waren mir hierbei die Angebote aus der Psychomotorik, welchen ich ein eigenes Kapitel gewidmet habe.

Klassenfahrten waren meistens geprägt vom „Zirkus-Projekt". Es wurden Elemente wie Balancieren, jonglieren, Akrobatik und vieles mehr einstudiert, um sie am letzten Abend des Aufenthaltes dem Publikum vorzuführen.

Gemeinsames, gesundes Frühstück im Klassenverband wurde von den Eltern und ihren Kindern positiv aufgenommen und gefördert.

An dieser Schule brachten viele Schülerinnen und Schüler die Gebräuche und Sitten ihrer unterschiedlichen Herkunftsländer in unseren Alltag ein: Russen, Polen, Griechen, Spanier, Türken, USA, um nur einige zu nennen. Da diese Kinder aus bildungsinteressierten Elternhäusern kamen, waren sie eine echte Bereicherung für die deutschen Kinder.

Natürlich gab es auch verhaltensauffällige Schülerinnen und Schüler. Sie machten aber prozentual vielleicht nur 10 % aus. Da die Klassenstärke mit ca. 30 Schülern recht hoch war, konnten sie sich nicht stark profilieren; sie hatten genug positive Vorbilder, nach denen sie sich richten konnten. Fast immer stand deren Elternhaus als Ort der Geborgenheit und Liebe ihrer sozialen Entwicklung nicht im Wege.

Zu einem der häufigsten Streitpunkten unter Kollegen bei der Notengebung für Aufsätze meinte unser Schulrat: *Wenn ein Kind irgendetwas an satzähnlichen Strukturen aufgeschrieben hat, so kann es keine Not fünf mehr bekommen, also Note vier.*

Ich habe ihn verstanden und für meine Schüler gab es in Aufsätzen keine Note mangelhaft mehr: Toll! Basta!

Im Mittelpunkt des Unterrichts stand bei mir immer das Kind in seiner Gesamtheit: Körper, Seele und Geist oder anthroposophisch ausgedrückt: Lernen mit Hand, Herz und Verstand.

## Zur Klassensituation

In der Grundschule hatte ich jeweils eine Klassenstärke von ca. 28 bis 30 Schülerinnen und Schülern. Fünf, sechs stammten davon aus Diplomatenfamilien, also Kinder mit ausländischen Eltern bzw. nicht deutscher Herkunft, wie es heute heißt. Die Klassenlehrer behielten ihre Klasse während der gesamten Grundschulzeit, das heißt von Klasse 1 bis Klasse 4.

Da wir morgens gleitenden Unterrichtsbeginn hatten, kamen die Kinder einzeln nacheinander und konnten dem Lehrer von ihren Träumen oder Erlebnissen berichten.

## Der Klassenraum

Die Herstellung einer positiven Lernatmosphäre erfordert eine freundliche Lernumgebung, d.h. die Einrichtung kindgemäßer Funktionsecken wie zum Beispiel ein Spieleteppich, eine Bastelecke, Leseecke und ein Computerraum.

In groben Zügen möchte ich beschreiben, wie ich in der Grundschule einen Klassenraum nach meinen Vorstellungen herrichten konnte, so dass er meinen Zielen eines ganzheitlichen Unterrichtes sehr nahe kam: Da der Raum recht groß war, konnte ich ihn in verschiedene Funktionsecken unterteilen und eine Sitzecke für Kreisgespräche einrichten. Die Kinder saßen an Vierer- oder auch Sechsertischen. Im Mittelpunkt des Raumes befand sich ein Materialtisch mit den entsprechenden Unterrichtsmaterialien oder Anschauungsgegenständen für das aktuelle Projekt. Dieser Tisch wurde im Laufe der Woche mit weiteren von den Kindern mitgebrachten Gegenständen bereichert. So konnten Besucher, und davon kamen immer wieder welche spontan in den Klassenraum geschneit, rasch feststellen, was die Klasse gerade „lernte".

Weiterhin verfügte dieser Klassenraum über einen separaten Gruppenraum, welcher durch Glasscheibe und Tür abgeteilt war. Dort standen unsere Computer, noch ohne Internetzugang. Hier war auch eine „Redaktionsbüro" eingerichtet. Das hieß: Kleingruppen fanden sich hier zusammen, um gemeinsam an Projekten zu arbeiten, kleine Texte am Computer zu erstellen und sich gegenseitig zu korrigieren. Auch übten sie hier kleine Theaterstücke auf, die sie später der Klasse vorspielten. Das klappte bereits in der ersten Klasse. Da der Raum abgetrennt war, konnten sie auch Sprachaufzeichnungen machen oder diskutieren und lachen. Sie waren stets in meinem Blickfang, so dass ich mich intensiver mit dem Rest der Klasse beschäftigen konnte.

Der Klassenraum verfügte auch über breite Fensterbretter, was nicht in allen, insbesondere modernen, Gebäuden selbstverständlich war. Hier konnten Ablagekörbchen in bestimmter Reihenfolge zur

Bearbeitung abgelegt werden wie auch die Aufzucht von Sämereien beobachtet werden. Eigene Ablagen mit ihrem Namen versehen und den aktuellen Arbeitsblättern befanden sich an der Wandseite. Das hatte den Vorteil für mich, dass ich sofort sehen konnte, ob alle Arbeitsblätter abgegeben worden waren bzw. die fehlenden Kinder ihre Blätter erhalten hatten. Diese Organisation war auch für den Vertretungslehrer übersichtlich.

Im eigentlichen Klassenraum gab es einen Bereich, in dem Wahrnehmungsspiele und –aufgaben angeboten wurden. Er diente der Schulung ihrer Wahrnehmung als auch dem Ermöglichen von kleinen Entspannungspausen. Dies geschah einmal so intensiv, dass ein Mädchen, welches nach einer langen Reise völlig übernächtigt zur Schule kam, sich auf ein Sitzkissen legte und einschlief. Die Klasse respektierte ihr Verhalten und alle wurden mucksmäuschenstill.

Eine kleine Sandkiste zur Förderung des Tastsinns- meist versteckten die Kinder kleine Gegenstände im Sand, die andere erraten mussten – dienten der Schulung ihrer Tastsinne.

An der Wand war ein Regal mit Bücherleiste angebracht, so dass das Kind rasch den kopierten Buchdeckel und das dahinter stehende Buch fand. Entsprechende Bücher zum jeweiligen Thema motivierten schon die Jüngsten, falls sie noch nicht lesen konnten, zumindest die Bilder entdeckend anzuschauen. Im Kreis berichteten sie dann über ihre Entdeckungen. Jedes Kind hatte im Regal oder Schrank ein Fach mit seinem Namen versehen, in welches es seine Malutensilien oder anderes hinein legen konnte, was es nicht nach Hause nehmen wollte.

Pädagogische Materialien wie auch Bauklötze, Spiele und ein Kasperletheater als auch Lernmaterialien im Sinne von Maria-Montessori gehörten ebenfalls zur Grundausstattung. An den Wänden hingen ansprechende Poster, meist von Tieren, und selbst gemalte Bilder der Kinder. Ebenso gab es ein Wandrelief: „Eisenbahn", wo in den Anhängern, die mit Monatsnamen versehen waren, das entsprechende Bild des Geburtstagskindes eingeklebt worden war: Unser Geburtstagszug.

Die Garderobe befand sich auf dem Flur. Dort hingen auch die Turnbeutel. Es wurde an dieser Schule nicht geklaut!
Mir war es sehr wichtig, dass meine Klasse eine warme Atmosphäre ausstrahlte, in der sich die Kinder wohl fühlten und sie sich mit dem Klassenraum identifizieren konnten.
Denn ein gutes Raumklima war Voraussetzung für ein gutes Arbeitsklima.

## Moderner Unterricht heute

Ich wollte meine Kinder ganzheitlich, das hieß unter Einbeziehung aller Sinne, unterrichten.
Früh sollten meine Schüler „be"greifen lernen, das heißt auch, so weit wie möglich Situationen ertasten, erleben, indem ihre Sinne angesprochen werden. Zum Beispiel haben wir bei der Silbentrennung dazu gehüpft oder neue Wörter, die an verschiedenen Stellen im Klassenraum hingen, in einem „Laufdiktat" erlaufen und abgeschrieben.
Es gab unendlich viele Ideen.

Das aus meiner Schulzeit bekannte Phänomen des Diktate - Schreibens (alle schreiben zur gleichen Zeit dasselbe Diktat) gab es bei mir nicht. Die Schüler lernten individuell nach einem Plan (Sommer-Stumpenhorst) ihre Schwächen zu erkennen und gezielt zu bearbeiten. Sicherlich wurde die Freude am Schreiben erhalten, da sie jedem Kind die Zeit und die Hilfen gab, die es benötigte, um möglichst selbständig und eigenverantwortlich den Lernplan bearbeiten zu können. Wir arbeiteten zunehmend projektorientiert und an verschiedenen Lernstationen, was den Schülern immer Freude machte.

Wichtig für das erfolgreiche Lernen war einerseits die Lernumgebung, in der sich das Kind wohl fühlen muss, andererseits aber hatte die Lehrkraft eine nicht zu unterschätzende Rolle für das Kind: Dass ich als „ihre" Lehrerin ein Vorbild für die Schüler war, hat mich anfangs irritiert. Aber die Erstklässler waren ehrlich und vergötterten immer ihre Lehrerin, was ich erst später erfuhr. Das ehrte mich und wir fühlten uns rasch als eine eingeschworene Klassengemeinschaft. Die Kinder schauten von mir ab, wie ich mit Ärger umgehe oder wie ich meine Emotionen zum Ausdruck brachte.

Da das Kind anfangs der Lehrkraft nacheiferte, es lernte für die Lehrerin, musste es sich angenommen, geliebt, fühlen und ehrliche Rückmeldungen seiner Bemühungen erhalten. Schlechte Noten und schlechte Kinder gab es für mich nie. Ich versuchte den Kindern mit ihren Defiziten zu zeigen, dass sie in einigen Bereichen noch mehr lernen müssen, wobei ich ihnen helfen will, andererseits aber in anderen Bereichen klasse sind. Jedes Kind kann auch etwas, was ein anderer vielleicht nicht so gut kann.

*Und was ich nicht kann, kann ich lernen!*

So stand es auf einem Plakat über unserer Klassentür. Ich halte es auch für unabdingbar, dass die besten Lehrkräfte in die Eingangsklassen gehören, nicht die großen Wissensvermittler, sondern diejenigen die es schaffen, die natürliche Neugierde und Kreativität des Kindes zu erhalten und zu fördern, ihm ein Lernpartner zu sein mit empathischen Fähigkeiten. Einer Kollegin, welche an ihrem Unterricht zweifelte, sagte ich kurz und bündig:
*Du kannst nicht verhindern, dass deine Kinder etwas lernen!*
Da lachte sie.

Das Lachen halten ich als Entspannungsmethode auch für äußerst wichtig: Jede Stunde oder zumindest jeden Tag versuchte ich meine Klasse zum Lachen zu bringen. Das entspannte und machte Spaß. Zumal ich auch über mich lachen konnte. Und wenn es nur der Grund war, dass ich mit zwei verschiedenen Socken in die Schule kam. Da haben wir gleich am Anfang schon gelacht. Aber für die Späße hatte ich eine Handpuppe. Die machte vieles falsch und durfte auf keinem Klassenfoto und Ausflug fehlen. sie diente auch schon mal einem kranken Mädchen als Trost, welche sie dann nach

Hause nehmen durfte. *Es war mir unverständlich, dass dieses Mädchen keine eigenen Kuscheltiere besaß.*

Hausaufgaben waren für mich ein heikles Thema, zumal ich meistens den Sinn in Hausaufgaben nicht sah. Wenn das Kind Übungsaufgaben machen sollte oder sein Werk fertig stellen musste, bin ich einverstanden, dies zu Hause zu erledigen. Wenn es aber um schriftliche, selbstständige Arbeiten wie Geschichten schreiben ging, wusste ich nie, wer mitgeholfen hatte oder das Kind zu mehr Tun genötigt hatte, weil die Eltern zu ehrgeizig waren. Manche Hausaufgaben führten gerade bei Kindern aus der sozialen Unterschicht zu enormem Stress, weil ihnen niemand zu Hause helfen konnte.

Wie viel Tränen sind wegen „*Das verstehe ich nicht*" geweint worden.

Hausaufgaben wollten aber auch kontrolliert werden. Dieser Zeitaufwand war mir oft zu hoch und brachte niemandem etwas, schon gar nicht dem Kind. Oft kritisierten mich dann die Eltern, dass ich bei der Hausaufgabenkorrektur nicht alle Fehler verbessert hatte. Das war auch nicht meine Intention. Aber nicht immer hatte ich Lust, dies den Eltern mitzuteilen.

Ich hatte nichts dagegen, wenn die Kinder Materialien von zu Hause mitbrachten oder Computerausdrucke über ein Thema, welches sie der Klasse vorstellen wollten. Das kam auch in den älteren Jahrgängen vor. Aber in der ersten Klasse sollten die Kinder nachmittags viel mit ihren neuen Klassenkameraden spielen, Lieber ist mir, dass die Kinder in der Schule die Hausaufgaben erledigen können.

Dass die Eltern „außen vor" blieben, sich ausgeschlossen fühlten, haben einige wenige mir sehr übel genommen: *Meine Tochter schwärmt von Ihnen und ihrer Kleidung; mein Sohn möchte, dass ich ihm genauso vorlesen wie Sie es tun, mit Mimik, Gestik und verstellter Stimme. Was besprechen Sie eigentlich immer im Morgenkreis? Sie haben meinen Enkel lächerlich gemacht, als sie der Klasse erzählten, dass er mit mir in meinem Bett schläft* (das wussten eh schon alle Mitschüler). *Wieso soll ich meine Putzmittel auf ihre Gefährlichkeit hin prüfen? Ich lasse mir nicht von Ihnen vorschreiben, welches Toilettenpapier – Natur belassen oder mit Blümchen versehen- wir einkaufen!*

Am meisten habe ich mich über das Toilettenpapier amüsiert. Die Kinder lachten mit mir. Wenn die Eltern wüssten, was ihre Kinder so alles von zu Hause ausplaudern…

An dieser Schule gab es erst in der dritten Klasse Zeugnisse mit Noten in den ersten beiden Jahren wurden Berichtszeugnisse angefertigt, die viel mehr über ein Kind aussagten als eine absolute Note. Nur manche Eltern stolperten darüber und wollten am liebsten schon in der ersten Klasse Noten. Eltern wollten Noten, nicht ihre Kinder!

Es erstaunte mich, dass die Kinder sich zwar gegenseitig wegen Punkten oder Noten abfragten, aber bei schwachen Kindern Verständnis zeigten, dass ihre Punkte oder Noten von mir geschönt worden waren.

Ich hielt es für sehr wichtig, Punkte- oder Notengebung transparent zu machen. Die Schüler wussten auch so, wer gut war und wer Schwächen hatte. „Schlechte" Schüler gab es nicht, sagte ich ihnen immer wieder, manche brauchen eben noch ein wenig mehr Hilfe. Dafür sind sie vielleicht im Sport toll. Die meisten Kinder konnten ohne Neid gegenseitig Leistungen anerkennen.

*Schüler sollten ihren Erfolg und ihre Fehler nicht als Belohnung oder Strafe erleben, sondern als Information über sich selbst, die sie befähigt und auffordert, an ihrer Entwicklung zu arbeiten. (Czerny, S. 349)*

Ich habe nie ein Kind wegen seinen schwachen Leistungen abgewertet. Meine Schüler haben gelernt, dass es unterschiedliche Leistungen und Wertungen gibt.

<u>*Jedes Kind ist anders und wertvoll, so wie es ist.*</u>
<u>*Das verstehen Kinder!*</u>

So haben wir in der ersten Klasse dann auch ein großes Zeugnisfest gefeiert, mit Kuchen und Spielen. Währenddessen habe ich mich mit den Eltern und ihrem Kind über das Zeugnis aussprechen konnten. Eine grandiose Idee unserer Schulleitung. In dieser lockeren Umgebung war es viel leichter, den Eltern über die einzelnen Entwicklungsschritte ihres Kindes zu unterrichten, ohne dass es Stress mit dem Zeugnisverständnis gab.

## Bewegte Pausengestaltung

Dank einer jungen, engagierten Schulleiterin, welche für alle Ideen und Neuerungen ein offenes Ohr fand, konnte ich im Sportbereich neue Bewegungsbereiche einführen. So organisierte ich zusammen mit einem Bonner Skatehaus, welche die Grundausrüstung für die Schüler zur Verfügung stellte, einen Inliner-Kurs auf dem Schulhof und in der Turnhalle.

Ein weiterer Wunsch von mir war die Errichtung einer Kletterwand, welche an der Außenwand der Turnhalle angebracht werden konnte. Auch dieser Wunsch wurde erfüllt. So konnten Schüler während der Pause dies und auch andere ausgesuchte und angeschaffte Bewegungselemente wie Kreiseln, Klettergerüste nutzen.
Entspannungs- und Bewegungsübungen sind fester Bestandteil der Schulstunden geworden, ein Lernen durch Bewegung wie auch eine aktive Pausengestaltung mit entsprechenden Handgeräten und Spielelementen sorgten während den Pausen für aggressionsarmes Austoben. Ebenfalls stand den Schülern ein „Garten der Sinne" zur Verfügung mit Klangelementen, mit verschiedenen Materialien ausgelegten Bodenfeldern und einer Ruhebank.

Aufgrund meiner Tätigkeit als Schulsportbeauftragte hatte ich Zugang zu den neuesten Materialien und Ideen in der Sportpädagogik. Es wurde mir vonseiten der Schulleitung immer Unterstützung gegeben, wenn es um Anschaffung neuer, moderner Spielgeräte ging wie Schwungtuch, Frisbeescheiben, Stelzen, Pedalos. Alles waren Geräte aus dem Bereich der Psychomotorik.
Siehe dazu: Kapitel: *Neue Ziele-Psychomotorik*.

# Ankunft: Berlin

Zunächst kam ich voll bepackt mit guten Ideen an eine Berliner Grundschule im Bezirk Mitte, einem sozialen Problembezirk, wie ich rasch erfahren musste. Der Anteil der Migranten war sehr hoch, wobei es sich um Migrationskinder aus der mittleren bis unteren Sozialschicht handelte.
Die Klassenstärke belief sich auf durchweg 24 Kinder, von denen höchstens ein Drittel deutscher Herkunft war. Ich habe nicht weiter nachgefragt, da ich „nur" als Verstärkungskraft bzw. als Fachkraft für Musik eingesetzt worden war.
Es befremdete mich sehr, als ich mitbekam, dass Schüler, welche ein Arbeitsblatt fertig hatten und wohl auch alles richtig, dasselbe nochmals bekamen um es nun in einem kürzeren Zeitraum zu bearbeiten. Das würde mich als Kind frustrieren, zumal ich hierin keinen pädagogischen Sinn sah; keine Forderung, nur eine Beschäftigung, damit das Kind ruhig war. Die Lehrkraft hingegen blieb am Schreibtisch sitzen und schaute den Kindern zu. Da ich neu war, traute ich mich nicht, etwas zu sagen. Ich wartete erst einmal ab. Aber in anderen Klassen war es ähnlich. Individuelle Förderung war nicht angesagt.
   Von der Reformpädagogik war diese Schule meilenweit entfernt. Es gefiel mir hier überhaupt nicht.
Meine Zeit in dieser Grundschule währte nur sechs Monate. Ich hatte mich redlich bemüht, guten Fachunterricht in Mathematik und Musik zu geben. Begleitet von meiner Gitarre sangen die Grundschüler sehr gerne mit. Selbst mit der Notenlehre sollte es ein wenig klappen. Aber viel wichtiger war das Lesen von Texten, welches einigen Schülern noch schwer fiel. Dafür hatte ich aber genügend Ideen, um ihnen helfen zu können.

Mein studiertes Fach Sport mit meinen Erfahrungen als Schulsportbeauftragte in Bonn konnte ich leider nicht ausüben, es gab genug Lehrkräfte dafür. Wenn auch wesentlich jünger als ich, waren diese vom modernen Sportunterricht weit entfernt. Es herrschten die „alten Disziplinen" wie Wettkämpfe jeder Art und die klassische Leichtathletik mit den Disziplinen: Werfen, Laufen und Springen vor. Elemente aus der Erlebnispädagogik waren unbekannt und fanden auch keine Mitstreiter.

Hier spürte ich erstmalig den barschen Wind der Berliner, die mich heimlich als Westdeutschen Besserwisser titulierten. Eigentlich sehr schade.

Aber die reformpädagogisch orientierten Ansätze zeigten erste zaghafte Gehversuche an dieser Schule. Mit viel Engagement behaupteten sich zwei von ca. 40 Kollegen mit den Erkenntnissen aus der Reformpädagogik.

Es schien mir, als ob die Schülerinnen und Schüler wenige Möglichkeiten hatten, selbstgesteuert und problemlösend zu arbeiten; vielleicht lag das auch an dem immer noch stark vertretenen Frontalunterricht. Meine vorsichtigen Versuche, andere Kollegen von dieser Methode zu überzeugen, schlugen fehl. Ich fühlte mich missverstanden und unmündig, hatte ich doch keine eigene Klasse und sah mich nur als „Hilfslehrer" einfache, vorgeschriebene Anordnungen ausführen. Das befriedigte mich gar nicht. Eine Änderung meiner Situation war nach Rücksprache mit der Schulleitung nicht in Sicht. Sie bräuchte mich dringend für Förderstunden für die ausländischen Schülerinnen und Schüler. Und davon gab es genug. Das war´s.

Ich lief erstmals gegen die Wand.

Wie eine Erlösung für mich kam der Aufruf des Schulamtes, es mögen sich geeignete Lehrkräfte für eine Umsetzung an eine Sonderschule für Lernbehinderte bereit erklären. Mit lang ausgestrecktem Fingern und begeistert ob dieser günstigen Gelegenheit von der sich noch im Mittelalter befindenden Schule weg zu kommen, meldete ich mich sofort und, wen wundert´s, wurde mit Handkuss von der Schulrätin übernommen. Das erste Mal, dass ich in Berlin das Gefühl hatte: jetzt bist du angekommen, man/ Berlin braucht dich!

Aber ich ahnte nicht, was in den kommenden Jahren auf mich eindringen sollte.

Es war üblich, dass in den Förderzentren maximal 15 Kinder einer Klasse zugewiesen sind. Fand ich toll, dachte: *Da kannst du dich prima um jedes einzelne Kind kümmern.* In Bonn war ich an der Grundschule mit einer Klassenstärke von 30 Kindern fertig geworden, so wird das hier wesentlich entspannter und schöner werden.

Hoch motiviert, ausgestattet mit meinen reichen Erfahrungen aus Bonner Zeiten, trat ich meinen Dienst an einer Sonderschule für Lernbehinderte in Berlin-Mitte an, im selben Problembezirk wie die Grundschule lag, die ich gerade verlassen hatte.

Gottlob begegnete mir ein aufgeschlossener Schulleiter aus Westdeutschland zu meinem Vorstellungsgespräch. Ich war gleich Feuer und Flamme, nicht für den Schulleiter, sondern dass meine vorgetragenen Ideen mit seinen Vorstellungen überein stimmten und er mir meinen heiß geliebten Sportunterricht in neuer Struktur wertschätzte, womit er mir seine volle Unterstützung versprach. Seine mahnenden Worte, die Schülerinnen und Schüler dieser Schule nicht so sehr mit Fachwissen zu überfrachten, sondern sie auf das Berufsleben vorzubereiten, trafen bei mir voll ins Schwarze.

Na, ich mit meinen Erfahrungen, 27 Jahre Schuldienst, das schaffe ich doch locker! Was für ein Irrtum, aber davon ahnte ich noch nichts. Da ich aber das Fach Sonderpädagogik nicht studiert hatte, erhielt ich zum Ausgleich der niederen Besoldungsstufe monatlich 51,17 Euro (als „Schmerz"-)Zulage für meine pädagogische Tätigkeit.

Mein beruflicher Abstieg von interessierten, wissbegierigen Diplomatenkindern und ehrgeizigen deutschen Eltern hin zu lernunwilligen, Deutsch stotternden Kindern der Unterschicht begann 2003 in Berlin. Dabei hatte ich extra als Dienstort Berlin-Mitte gewählt, um näher am Puls der Zeit, mitten im politischen und auch kulturellen Berliner Leben zu sein.

Aber ich freue mich trotzdem auf neue Herausforderungen! Freudestrahlend ging ich nach Hause und bereitete mich auf meinen ersten Schultag vor.

Ich, erfahrene, hoch motivierte Lehrerin, machte mich also an die Arbeit.

## Meine Bildungs-ANSTALT

Die Schule- eine Anstalt der Bildung?
Die Schule- eine gebildete Anstalt?
Die Schule- nur ein Ort für Bildung?
Die Schule – ein Anstaltsort?

Der Leser mag selbst entscheiden.

### Standortbedingungen

Meine Schule war die einzige Schule Berlins war eine öffentliche *Schule der Sekundarstufe I mit dem Förderschwerpunkt Lernen.* Sie lag in einem bekannt berüchtigten Kiez von Berlin-Mitte, einem sozialen Brennpunkt mit einem überdurchschnittlich hohen Anteil von Familien mit Migrationshintergrund. Arbeitslosigkeit, Gewalt, Alkohol, Armut, Verwahrlosung und Kriminalität gehörten zum Alltag der Schülerinnen und Schüler. Bis auf wenige ältere Menschen war dieser Bezirk bewohnt von Migrantenfamilien aus den Ländern Türkei, dem Balkan und arabischen Ländern. Deren Kinder sind soweit sie nicht Asylsuchende waren - meistens in Berlin geboren worden.

Laut unserem Schulprogramm bildete der Schwerpunkt unserer pädagogischen Arbeit den Bereich für das soziale Lernen. Unter sozialer Kompetenz verstehe ich die Fähigkeit souverän, einfühlsam, fair und konstruktiv miteinander umzugehen. (Näheres s. Anhang) Die Schule hatte für die Oberstufe den Schwerpunkt „Berufsorientierung". Dafür wurden zwei Klassen mit dem Schwerpunkt *Produktives Lernen* für Schülerinnen und Schüler der Jahrgänge 9 und 10 eingerichtet. Sie war die einzige Schule Berlins mit dem Förderschwerpunkt Lernen, die dieses Angebot vorhält…. (sinngemäß übernommen aus dem Inspektionsbericht der Schule 2008)

In dieser Klasse konnten die Schüler über verstärkt produktive Tätigkeiten und die Erschließung der Theorie aus der Praxis heraus zu besseren Lernergebnissen gelangen.
Damit nahm sie die Aufgaben eines sonderpädagogischen Förderzentrums für den Bezirk Berlin Mitte wahr. Aber auch Kinder mit emotional-sozial auffälligem Verhalten wurden zu uns überwiesen. In der Realität erwiesen sich viele dieser Schüler als verhaltensauffällig bis kriminell.
Das war ein Dilemma.

## Das äußere Erscheinungsbild meiner Schule

Beim Betreten des vierstöckigen Backsteinbaus aus dem 19. Jahrhundert sanierungsbedürftigen, maroden Schulgebäudes fiel dem aufmerksamen Besucher auf, dass das Gebäude in der damaligen Zeit als Kadettenanstalt gebaut worden war. In späteren Jahren wurde das Gebäude in seiner Funktion als öffentliche Schule mehrfach umgebaut; es kamen naturwissenschaftliche Fachräume hinzu, welche heute aber nichts mehr von ihrer ursprünglichen Bestimmung behalten haben, es wurden einige Fachräume zu Klassenräumen zurück gebaut. Das konnte ich dran erkennen, dass es am Boden verankerte Tische (sogenannte Experimentiertische aus den

Naturwissenschaften) gab mit stillgelegten Gas- und Wasseranschlüssen am Tisch.
Wenig einladend für einen Unterricht.
2003 zog die jetzige Sonderschule mit ihrem Oberstufenteil, Klassen 7 bis 10, in das Gebäude ein.
In diesem Zusammenhang wurden einige Fachräume zu Klassenräumen zurück gebaut. Die Stühle und Tische gab es nur in Einheitshöhen, worunter natürlich zu kleine und zu große Schüler litten. Leider ließ sich das Problem für die ersten drei Jahre nicht beheben.

Erst mit der Auflösung unserer benachbarten Grundschule (Klassen 3 bis 6) und deren Umzug in unser Gebäude 2006 erhielten wir von denen entsprechendes Mobiliar.

Mein Klassenraum zu meiner Nachbarklasse verband eine Eisentür, die den dort erzeugten Geräuschpegel – und der war zeitweise verdammt hoch -ungedämpft in meinen Klassenraum schickte. Die Tür durfte aber nicht zugemauert werden, so dass wir uns mit dem Anlegen einer Turnmatte dem Lärm etwas abhelfen konnten. Da sich die Klassenräume in einem erschreckenden Zustand befunden haben, sind sie nach und nach teils mit Hilfe der Schülerfirma, teils durch die Lehrkräfte selbst gestrichen worden. So zog in die eine oder andere Klasse – auch durch Bereitstellung geeigneter Arbeitsmaterialien – soweit die Lehrkräfte welche besaßen oder kauften – auch ein wenig Farbe und Freude in die Räume ein. Die Klassen wurden zwar täglich von einer Reinigungsfirma geputzt, aber manches musste doch der Lehrer selber übernehmen.

Leider war die Turnhalle sehr klein und entsprach nicht den heutigen Anforderungen eines modernen Sportunterrichts. Es gab als Großgeräte jede Menge Böcke und Pferde, aber weder Gitterleitern noch Stufenbarren, geschweige denn brauchbare Kleinmaterialien außer Bällen. Hochkant gestellte Matten dienten als Tore, die Säulen für die schweren Reckstangen mussten in Vertiefungen des Bodens eingelassen werden. Ein Volleyballnetz ließ sich nur improvisatorisch festknoten. Aber es gab gezählte 25 Niedersprungmatten, wovon einige wegen ihrer Schwere gleich aussortiert wurden. Ich kam auch mit 10 Matten aus bei einer aktiven Schülerzahl von meistens 8 Schülern.

Gerne benutzten wir die Ringe mit oder ohne Trapez und Taue.

Und doch tat mir dieser erbärmliche Zustand im Herzen weh, konnte ich doch viele Übungen aus dem modernen Sportbereich wie zum Beispiel aus der Psychomotorik nicht anbieten. Geldzuweisungen, welche ich für moderne Kleingeräte aus der Bewegungsschulung anschaffen wollte, scheiterten meistens am Veto eines fachfremden, Reform resistenten Sportlehrers, weil er deren Nutzen für die Schüler offensichtlich nicht kannte. Es war für mich unmöglich, mich mit ihm zu arrangieren, seine Vorstellungen vom Sportunterricht endeten beim Fußballspielen.

Als ich mich zur Fachbereichsleiterin selbst aufstellte, boykottierte er meine einberufene Sitzung als völlig überflüssig und außerdem sei er seit Jahren **der** Sportlehrer an dieser Schule mit ständig absolvierten Fortbildungen. Leider hatte ich durch einen Schulleiterwechsel die nötige Rückendeckung der neuen Schulleitung nicht hinter mir, die meine Professionalität auf diesem Gebiete sicher zu schätzen wusste, oder doch nicht?

Der Sportunterricht wurde in den unteren Klassen von den Klassenlehrern selbst gegeben; hier sollten Fairness, Teamgeist und positives Sozialverhalten eingeübt werden. Sportliche Erfolge durch Wettkämpfe wurden durch die Teilnahme der oberen Klassen ermöglicht. Ein spartanisch eingerichteter sozialer Trainingsraum diente den ausgebildeten Mediatoren für ihre Zwecke bzw. es konnten auch in der Pause aggressiv gewordene Schüler hier unter Aufsicht einer Lehrkraft betreut werden.

Einen weiteren Fachraum hatte die Schule im Kellerbereich ohne Tageslicht: die Holzwerkstatt ohne ordentliche Luftzu- und -abfuhr. Ein Unding.

Ebenso wenig einladend sah die Schulküche aus: lieblos, ohne motivierende Poster aus dem Ernährungsbereich oder Hinweisschilder für den Gebrauch bestimmter Küchengeräte und deren

Depots. Wenig einladende zum Kochen. Hier möchte ich auch nicht gerne arbeiten. Die Schülerschaft mied so gut sie konnte diesen Bereich und ging lieber einkaufen, wenn dies erforderlich war.

Zu den Naturwissenschaftsräumen gab es sogar einen kleinen Hörsaal. Dieser wurde jedoch nur für Filmvorführungen genutzt. Ich war allerdings froh, wenn ich am Ende meiner Kraft dort mal bei einem Video abspannen konnte, man nennt es heute wohl chillen.

Ein eigens mit 10 Computern ausgerichteter Raum diente nicht nur der Vermittlung von informationstechnischen Grundlagen, die die Schüler sowieso schon hatten, nein, er erwies sich als letzter Zufluchtsort für gestresste Lehrkräfte und deren Schüler: ich ließ sie so manches Mal einfach nur surfen. Ruhe, Ruhe, verdammt noch mal! Die Flure wurden ebenfalls von einer Firma gestrichen, leider reichte das Geld nicht mehr für einen neuen Anstrich der beiden Treppenaufgänge aus.

Da aus Brandschutzgründen kein Mobiliar oder handwerkliche Arbeiten der Schüler auf den Fluren ausgestellt werden durften, beschränkte sich der Flur mit dem Wandschmuck von Schülerbildern hinter billigem Plexiglas. Es gab nur schmale Fensterbretter, auf die leider keine Blumentöpfe passten.

Ganz schlimm sahen die durch Vandalismus geprägten Toiletten aus: aus den Wänden gerissene Waschbecken, verstopfte Klos, an nicht dafür vorgesehenen Orten abgelegte Fäkalien, abgerolltes Toilettenpapier, Schmiereien und Kaugummis an Wänden; es wurde bei den Jungen auch schon mal die Kabinentür aus den Angeln gerissen. Und ein beißender Uringeruch strömte durch die Flure, zeitweise musste eine der Toiletten für die Jungen gesperrt werden.

Hoffnungslos standen wir Kollegen vor diesen Problemen.

So beteiligte sich 2009 auch meine Schulleitung an einem „Brandbrief" von 68 Schulen in Berlin-Mitte, gerichtet an den Schulsenator. Hierin verliehen wir unserer Empörung über den unerträglichen Zustand des Schulgebäudes Ausdruck.

Das Ergebnis war für unsere Schule ein finanzieller Kostenzuschuss in Höhe von 10.000 Euro aus dem Konjunkturpaket für Sanierungszwecke. Ja, es wurden endlich die Toiletten saniert, wieder mal Becken installiert, neue Trennwände gezogen, und Toilettenpapierautomaten und Handtuchhalter aufgestellt und?
Das war´s.
Es gab zwar keine Seife, aber manche Lehrer stellten in ihren Klassen eigene Seifenspender zur Verfügung. Zumindest kamen Stoffhandtücher aus den Automaten. Nachdem die ersten Jungen ihre Kraftübungen an denen absolviert hatten, wurde eindringlich im Unterricht auf die richtige Benutzung des Automaten hingewiesen.
Als besonderes Highlight einer Einrichtung an dieser Schule möchte ich die Aula hervorheben; sie wurde im Lauf der letzten Jahre mit grundlegenden Techniken versehen und ließ sich außer für Schülerversammlungen auch gut für Theateraufführungen oder Schuldisko nutzen.
Leider gab es weder eine Arbeitsgemeinschaft Theatergruppe noch eine Musik Arbeitsgemeinschaft.
Der recht kleine Schulhof war von einer sechs Meter hohen Mauer und Zäunen mit Gestrüpp umgeben und weckte wenig Lust zum Verweilen. Eine aus früheren Jahren angelegte Kräuterspirale war völlig überwuchert und wurde von niemandem mehr gepflegt. Eigentlich schade. Das einzige, worüber sich die Schüler auch oft stritten, war eine kleine Asphaltfläche, ca. 10m x 10 m groß, mit zwei „Toren" (ohne Netze), worauf sie Fußball spielen konnten.
2005 kam die Unterstufe (ab Klasse 3 der Grundschule) hinzukam. Für sie gab es zunächst keine altersgerechte Spielgeräte.

Da auf dem Schulhof wunderschöne alte Kastanien und Eichen standen, verlockten deren Früchte alljährlich zu Kastanienschlachten, die nicht immer ungefährlich endeten. Deshalb wurde regelmäßig von Schülern mit ihren Lehrern der Schulhof gesäubert. Für dieser Arbeit – oder war es nicht seine eigentliche Aufgabe? – stand der Schulhausmeister nicht zur Verfügung. Überhaupt war mir sein geringer Aufgabenbereich etwas verwundert, kannte ich doch von anderen Schulen sehr engagierte Hausmeister, die jederzeit für jedermann ansprechbar waren. Auf eine gemeinsame Zusammenarbeit und seiner Anwesenheit während den Pausen auf dem Schulhof mit dem kräftig aussehenden Schulhausmeister hin angesprochen, meinte dieser recht forsch: *Ich werde niemals während der Pause auf den Schulhof gehen, ich lasse mich doch nicht von den verrückten Schülern verprügeln!* Punkt. Aber wir Lehrer konnten gerne unseren Kopf hinhalten, oder wie sollte ich das verstehen? Ich wollte mich auch nicht gerne verprügeln oder beschimpfen lassen!

Sollte er wirklich nur für die Schulpost und die Heizungsüberwachung zuständig sein?
Ein toller Job, zumal er noch im Gebäude wohnte!
Da das Haupteingangstor aus Brandschutzgründen (einziger Fluchtweg auf die Straße) nicht abgeschlossen werden durfte, war jedem –auch ungebetenem – Gast Tor und Tür geöffnet, um ungehindert ins Schulgebäude zu gelangen.

Das wussten die Dealer aus dem Kiez auch und konnten doch recht unbehelligt ihren „Geschäften" nachgehen.

## Das Lehrerzimmer

*Mein Arbeitsplatz- mein Kampfplatz für den Frieden!*

Dieser Postkartenspruch stand auf meinem Tisch. Er war ironisch gemeint, ein Relikt aus der DDR-Zeit, ein hilfloser Ausdruck eines sinnlosen Kampfes, den ich führte.
Die von den Bildungspolitikern gestrichene steuerliche Absetzbarkeit von häuslichen Arbeitszimmern fand bei uns keinen Ersatz. Kein Lehrer besaß einen eigenen Arbeitsplatz mit abschließbarem Schreibtisch und einem PC. Diese Situation fand ich persönlich untragbar, war ich gerade aus Kostengründen in eine kleinere Wohnung gezogen und hatte nicht genügend Platz für meine Arbeitsma-

terialien. Man glaubt nicht, was sich in über 30 Jahren bei mir alles so angesammelt hatte.

Eigentlich müsste es Leerzimmer heißen, obwohl oder gerade weil dieser Raum wegen der mit Ordnern und Arbeitsmitteln vollgepackten Tischen wenig zum Verweilen einlädt. Als die Lehrerschaft 2004 entsprechend den Jahrgangsstufen Gruppentische zwecks besserem Austausch während den Pausen zusammen gestellt hatte, mussten diese wegen der Erhöhung der Lehrerschaft 2005 auf 30 Lehrkörper wieder aufgegeben werden. Nun befanden sich – als alternativlose Lösung – alle Tische zusammengereiht in der Mitte des Raumes. Der Austausch in den Pausen fand wegen der Ungemütlichkeit nicht mehr im Lehrerzimmer, sondern in einzelnen Klassenräumen statt.

In Ermangelung von ausreichenden Wandflächen im Lehrerzimmer war kaum Platz für nette, aufmunternde Poster; eine Mitteilungswand erstreckte sich über eine ganze Frontseite mit klar erkennbaren Organisationsflächen (falls diese eingehalten worden sind) wie Mitteilung der Schulleitung (stand an erster Stelle wegen der Wichtigkeit, da manche Lehrer wohl nur selektiv schauen können) und auch noch mit roter Umrandung versehen. Es folgten allgemeine Infos, Termine, Vorstellungen für Schüler, Klassenfahrten usw., alles Flyer oder DIN A4 Formate, die natürlich viel Platz wegnahmen.

Vielleicht schauten deshalb immer weniger hin, denn die Info-Wand nahm überhand. Also hängte die Schulleitung direkt neben der Lehrerzimmertür innen eine Pinnwand mit den absolut vorrangigen Hinweisen (breaking news) mit der Bitte um Kenntnisnahme, noch am selbigen Tag. Auch die Vertretungspläne befanden sich hier und wurden natürlich aus eigenem Interesse vor Unterrichtsbeginn sorgfältig studiert.

Für wen endete seine noch von zu Hause mitgebrachte Fröhlichkeit nicht beim Anblick einer Vertretungsstunde, wo er eigentlich mit Eltern telefonieren wollte oder Materialien kopieren wollte?
Guten Morgen!

Ach ja, im Lehrerzimmer befand sich auch eine kleine Kochnische mit Miniwaschbecken und (ständig vereistem) Kühlschrank für dessen Abtauen sich niemand zuständig fühlte. Kaffee kochen mussten wir schon selber.

Aber wir hatten noch alle Tassen im Schrank.

Ein aus den 50er Jahren stammender, wuchtiger Kleiderständer funktionierte als Raumteiler und diente schon mal als Sichtschutz bei allzu lang andauernden Konferenzen, die hier am langen Tisch stattfanden. So ließen sich zeitsparend schon mal einige Korrekturarbeiten unbemerkt von dem Referierenden und ungestört durchführen.

Obwohl jede Lehrkraft über ein Ablagefach für Infos verfügte, hatte doch nicht jeder einen eigenen und auch noch abschließbaren Spind. Somit konnten sich bei einem Einbruch einige unserer Schüler über private Sachen der Lehrer freuen, die sie mit nahmen, verkauften oder nur angesehen haben.

Außerdem diente das Lehrerzimmer auch als Elternsprechzimmer, weil es keinen anderen Raum gab in der Anstalt. Persönliche Gefühle wie meinen ersten Zusammenbruch musste ich auf der Lehrertoilette aussitzen.

Doch, es gab ein Telefon (aus dem letzten Jahrhundert gerettet) im Lehrerzimmer mit einer fünf Meter langen Schnur, mit vergilbten Tasten, ohne Wahlwiederholung oder Anzeige der gewählten Rufnummer. Intern konnten sogar Gespräche weitergeleitet werden. Aber immerhin konnte die Lehrerschaft auch ins Handynetz telefonieren. Früher war das nicht möglich, wegen den hohen Telefonkosten war der Zugang gesperrt. Da unsere Elternschaft aber nahezu ausschließlich über Handyanschlüsse verfügt, war diese Freischaltung durchaus sinnvoll.

Der lobenswerte Versuch, eine große Palme ins Lehrerzimmer zu stellen scheiterte rasch wegen zu viel oder zu wenig Wasser oder einfach an der „dicken Luft". Die Stimmung war nicht immer gut. Lehrerausflüge, Grillfeiern auf dem Schulhof wichen immer mehr der Emsigkeit der Lehrerschaft und den damit verbundenen Zeitaufwendungen. Vielleicht herrschte auch später einfach immer weniger Lust unter den Kollegen, sich auch noch nach Dienstschluss in diesem Gebäude zu treffen. Einige taten das lieber im privaten Rahmen. Sehr verständlich. Dafür besaß das Rektorat zwei Amtszimmer, geräumig, freundliche Wandfarben, moderne Bilder an den Wänden, mehrere PCs, Telefonanlage und viele Pflanzen. Zwischen den beiden Zimmern befand sich praktischerweise das Sekretariat. Unsere Sekretärin war stets Anlaufpunkt nicht nur für das Lehrpersonal, besonders die Schülerschaft liebte sie, hatte sie doch immer ein offenes Ohr oder ein Trostpflaster für sie parat.

## Die personelle Ausstattung

Als die Schule 2003 als Sonderpädagogisches Förderzentrum den Betrieb aufnahm, wurden fast 200 Schülerinnen und Schüler von 25 Lehrkräften unterrichtet, davon hatten vielleicht 5 Kolleginnen den Status einer Sonderschulpädagogin. Die anderen kamen wie ich von Grund- oder Hauptschulen. Rasch fiel mir trotz oder gerade wegen unserer hohen Fluktuation eine Ost-Westbiografie der Kollegen auf mit unterschiedlichen Auffassungen ihres Berufsbildes und hierarchischen Differenzen. Viele Pädagogen aus Westdeutschland sind nach dem Mauerfall aus unterschiedlichen Gründen – nicht immer freiwillig - nach Berlin gezogen. Bei den Kolleginnen aus den neuen Bundesländern fiel mir ein latentes Obrigkeitsdenken auf: *Das kannst du doch nicht machen! Du musst dich an die Vorschriften halten! Usw. Na klar, konnte ich das.* Wo blieb die Souveränität des einzelnen Lehrers, seine Professionalität, seine Lehrfreiheit, sein selbstbestimmtes Auftreten? Ich bin doch kein Befehlsempfänger, verdammt noch mal! So viel Unsicherheit nervte mich. Diese Beobachtung erschien mir sehr berlinspezifisch und will ich nicht weiter kommentieren.

Eine interessante Begebenheit erlebt ich am 8. Mai jeden Jahres: Während die Ost-Kolleginnen jubelnd verkündeten: *Heute feiern wir den Tag der Befreiung*( vom Nationalsozialismus durch die Russen) antwortete ich recht beschämt: *Und wir Wessis gedenken des Tages der Kapitulation* (der Wehrmacht durch die Alliierten).

Noch ein deutscher Staat, aber bereits zwei unterschiedliche Sichtweisen.

Die Schülerzahl wurde mit Einführung der integrativen Beschulung ab 2008 in Berlin rückläufig. Erst mit Zuzug der Grundstufe (Klasse 3 bis 6 einer aufgelösten Nachbarschule) erreichte die Schule wieder eine Schülerzahl von ca. 200 Schülern. Dabei lag der Anteil von Schülerinnen und Schülern nicht deutscher Herkunft bei 76,5%. (Inspektionsbericht von 2008,S. 7/31)

Die Schule war nun vierzügig.

„Zeitweise arbeiteten sechs ausgebildete Sonderpädagogen, die im Bereich Diagnostik und Entwicklung von Förderplänen qualifiziert sind." (Aus: Inspektionsbericht S.20/31)

In Ermangelung von zusätzlichem Personal und in unserer Hilflosigkeit beschloss die Lehrerkonferenz zum raschen Handeln einen Kollegen zu beauftragen – unter Anrechnung seines Stundendeputates – bei Bedarf unverzüglich den Kontakt zum Elternhaus herzustellen, indem er diese unangemeldet aufsuchte. Wir nannten dieses Angebot unsere *Pädagogische Feuerwehr*. Zum Beispiel, wenn ein Schüler häufig unentschuldigt dem Unterricht fern blieb oder andere Umstände der Lehrkraft aufgefallen sind. Für uns Lehrer war dies eine tolle Erleichterung. Leider war nach zwei Jahren diese Option beendet, da uns die Lehrerstunden fehlten.

Es wurde mit Einzug der Unterstufe auch ein Klassenraum für eine „Schulstation" hergerichtet. Deren Einrichtung wurde aus Bezirksmitteln jeweils für zwei Jahre finanziert. Betreut wurde dieser umgestaltete Klassenraum von einem sehr engagierten Sozialarbeiter.

Seine Aufgabe bestand darin, dass er Schülerinnen und Schüler der Unterstufe, die den Unterricht störten oder ihm nicht mehr folgen konnten - mit einem entsprechenden Laufzettel des Lehrers versehen - vorübergehend zur Beruhigung in die Schulstation aufnahm. Dort konnten sie sich aussprechen, Probleme lösen, Arbeiten erledigen oder sich einfach wieder beruhigen. Der Zettel wurde abgezeichnet und bei der Rückkehr der Lehrkraft wieder vorgelegt. So verhinderten wir, dass der Schüler das Schulgebäude verlassen konnte. Eine wahrhaft sinnvolle Einrichtung und eine ihre Arbeit erleichternde Möglichkeit für Lehrkräfte.

Leider wurde sie nach zwei Jahren aus finanziellen Gründen ersatzlos gestrichen. Das war für uns Lehrer sehr bitter, mussten wir doch ab sofort wieder alleine die ständig auftretenden Störungen und Konflikte zwischen den Schülern irgendwie selber lösen. Manchmal wurde der Störenfried in die Nachbarklasse geschickt, was aber auch nicht immer sehr hilfreich war. Wir Lehrer hatten auch nicht die Möglichkeit, diese Schüler nach Hause zu schicken, wenn sie offensichtlich übermüdet oder auch krank waren. Dazu hätten wir die Erziehungsberechtigten benachrichtigen müssen. Aber oft wechselten die Eltern ihre Handynummer, die meisten hatten sowieso keine Festnetznummer, und so mussten die kranken Schüler bis zum regulären Schulende verwahrt werden.

Inzwischen war die Schule eine verlässliche Halbtagsschule geworden, d.h. garantierter Unterricht der Klasse 3 bis 4 bis zur 6. Stunde. Zur Betreuung der Grundstufe wurde zusätzlich noch ein kleiner Raum eingerichtet.

Zwei mit einem befristeten Zeitvertrag (dieser endete immer am letzten Schultag vor den Sommerferien) eingestellten Erzieherinnen, die nach Schulschluss auch die Hortbetreuung übernahmen, waren mit der Aufgabe betraut, den Schulvormittag zu rhythmisieren, so hieß es im Fachjargon. Als Sportlehrerin dachte ich sofort an rhythmische Schulung und Bewegung und begrüßte derartige Aktionen.

Doch es sah anders aus:

Bedingt durch die räumliche Enge führte die Beaufsichtigung der Schüler die Erzieherinnen oft an den Rand ihrer Belastbarkeit: 12 Schülerinnen und Schüler in einem kleinen Klassenraum! Die

Klassen wurden verwahrt", d.h. mit Basteln, Malen oder Spielen betreut. Unglaublich, welche Zustände und auch Lautstärke diese Erzieherinnen aushalten mussten. Daher verließen sie bei schönem Wetter fluchtartig diesen Raum und gingen zum nahe gelegenen Spielplatz.

Welchen pädagogischen Wert das hatte, wagte ich niemanden zu fragen. Die Damen waren froh, eine – wenn auch befristete – Anstellung gefunden zu haben.

Diese verschärfte Situation machte mich oft wütend, sah ich keine Hilfe. Bei Problemen, die wir Lehrer mit den Eltern nicht lösen konnten, halfen so genannte Familienhelfer, die über das Jugendamt von den Lehrern angefordert werden konnten. Deren Aufgabe bestand darin, den Familien eine Alltagsstruktur zu geben wie einkaufen, Haushalt führen, sich um die Kinder kümmern und Freizeitangebote mit den Kindern wahrzunehmen.

2008 kamen zur pädagogischen Verstärkung an meine Schule zwei Mittler. Dies sind geschulte Menschen mit Migrationshintergrund. Sie sprachen sehr gut Deutsch, außerdem jeweils arabisch oder bosnisch und waren sehr hilfreich für die Lehrkräfte. Sie halfen uns bei der Herstellung einer Kommunikation zwischen Schule und Elternhaus. Sie kamen auch mit in den Unterricht, gerade bei Problemklassen, wenn es gewünscht war.

Auch wenn sie nur drei Tage in der Woche an unserer Schule waren, so entlasteten sie doch merklich die Lehrer. Sie riefen z.B. auch morgens zu Hause an, wenn das Kind nicht in der Schule erschienen war oder sie holten es notfalls persönlich von zu Hause ab. Der Kontakt zu diesen Mittlern war manchmal enger als zu den Eltern. Leider hatten manche Familienhelfer zu viel Verständnis für die sie zu betreuenden Familien, so dass ihr Handeln kontraproduktiv wirkte. Ich habe es aber auch erlebt, das eine bosnische Familienhelferin ihr Amt niederlegte, weil sie an die Mutter von sieben Kindern nicht mehr „ran kam" und sich im Verhalten dieser Familie nichts änderte, weil die Mutter restlos überfordert war.

Die meisten Eltern hingegen hatten den Mittlern gegenüber keine Berührungsängste; sie fanden in ihnen einen Ansprechpartner, der ihrer Muttersprache mächtig war und fühlten sich in den Erziehungsfragen besser verstanden als von Lehrern. Denn meistens ging es dabei um *Schule schwänzen* oder *frühkriminelle Handlungen* der Jungen.

Nicht selten wurde mir in diesem Zusammenhang von den Eltern Ausländerfeindlichkeit vorgeworfen: *Bei Ihnen klauen wohl nur Ausländer?* Naja, das kann man so oder so sehen: Deutsche Kinder hatte ich ja kaum in meiner Klasse.

Ein wenig Unterstützung in unserer pädagogischen Arbeit fanden wir beim schulpsychologischem Dienst, wobei wöchentlich - falls diese Stunde nicht ausfiel, was oft vorkam - den Lehrkräften und auch den Schülerinnen und Schülern ein Psychologe zur Verfügung stand. Manchmal war es hilfreich, aber nicht immer konnte er dem Schüler helfen.

Zu gerne hätte ich nach der Teilnahme an einer Fortbildung die Umgestaltung des Lehrerzimmers nach dem Vorbild einer benachbarten Grundschule übernommen. Ich bekam keine Rückendeckung, von niemandem, nur verständnisloses Kopfschütteln.

Fortbildungen der Lehrerschaft, das ist auch ein Kapitel für sich. Einige Lehrkräfte hatten wirklich noch die Kräfte sich am Nachmittag oder am Wochenende fortbilden zu lassen. Berichte von ihren neuen Erfahrungen wurden in unseren Konferenzen nicht hinreichend thematisiert. Dabei wäre der ein oder andere Anstoß für manch einen Kollegen hilfreich gewesen.

Einige Kolleginnen hatten sich zu einem Anti-Gewalt-Training als Mediatoren ausbilden lassen und konnten somit wiederum Schülerinnen und Schüler als Konfliktlotsen ausbilden. Diese hatten die Aufgaben bei Streitereien auf dem Pausenhof einzuschreiten. Sie machten ihre Aufgabe gerne und auch ziemlich erfolgreich. Meistens ging es über das Nichteinhalten von Schulregeln.

Eine privat organisierte Supervision durch eine kompetente, externe Mediatorin, welche ein geringer Teil des Kollegiums nachmittags aufsuchte, blieb ohne nennenswerte Folgen. Sicherlich fand ich es hilfreich, die schulische und personelle Situation aus verschiedenen Blickwinkeln zu beleuchten und dass wir Kollegen uns gegenseitig mal unsere Gedanken austauschen konnten, doch konnten auch wir konnten die autoritäre Schulleiterführung nicht beeinflussen; der Schulleiter verließ bald darauf die Schule.

Unserer Schule nun wurde eine Schulleiterin vorgesetzt, die nicht vom Kollegium gewählt worden war, eine Vorgesetzte sozusagen. Klar ist sie in der Schul-Hierarchie meine Vorgesetzte, aber ich wollte nicht ihre Untergebene sein, sondern eine gleichberechtigte Partnerin. Das musste schief gehen. Ich hatte den Eindruck, dass es für sie wichtiger war, Vertretungsstunden zulasten des wichtigen Förderunterrichts zu erteilen und einfach zu funktionieren als Kritik am System oder Verbesserungswünsche einzubringen.

Als temporäres Mitglied in der Erweiterten Schulleitung war es mir nicht möglich, meine Vorschläge zur Umstrukturierung des Schulsports und Pausensports innovativ umzusetzen. Ich fand in ihr keinen Mitstreiter und somit keine Unterstützung im Kollegium. Stattdessen sollte ich in der zeitraubenden Öffentlichkeitsarbeit mitwirken, was nichts anderes bedeutete, als dass ich zu verschiedenen Veranstaltungen gehen sollte, um die Schule zu repräsentieren. Das konnte ich noch weniger, da ich nicht mehr hinter unserem Schulprogramm stand. Somit verabschiedete ich mich aus meiner Funktion, die für mich keine Funktion hatte.

Es mangelte der Schulleiterin offensichtlich an einer Reflektionsfähigkeit ihres eigenen Tuns gepaart mit mangelnder Empathie; sie zeigte auch keinen Mut, Kollegen zu disziplinieren, wenn diese offensichtlich nur ihren eigenen Vorteil durchsetzen wollten. Das ging natürlich auf Kosten anderer Kollegen, wie auch gegen mich. Sie schaffte es nicht, eine ruhige Atmosphäre zu schaffen, in der die Lehrer gerne wieder zur Schule kamen.

In meinen Augen vermisste ich bei ihr Führungsqualitäten, Teamfähigkeit, Kommunikations- und Kooperationsbereitschaft.

Ich fühlte mich zum Beispiel einer anderen Lehrkraft gegenüber ungerecht behandelt, da diese trotz vollen Stundendeputats freitags immer frei hatte. Gerne hätte ich fauch diesen Tag unterrichtsfrei, da ich am Wochenende zu meinem Mann nach Rügen pendeln wollte. Selbst dies wurde mir als Schwerbehinderte verwehrt mit fadenscheinigen Gründen: ich wäre doch Klassenlehrerin und müsste täglich in meiner Klasse sein.

Das führte zu großem Unmut auch vonseiten anderer Kollegen dieser Kollegin gegenüber, so dass sie wegen des Gefühls gemobbt zu werden sich ständig bei der Schulleitung über uns beschwerte. Es muss doch möglich sein, dass die Schulleiterin Kollegen versetzen kann. Das muss sie doch als Vorgesetzte leisten können! Aus mir unverständlichen Gründen wurde diese Lehrkraft in vielen Dingen bevorzugt: sie brauchte keine Klasse zu führen und erteilte ihren Unterricht nur in dem Fach, welches sie studiert hatte.

Fast alle Kollegen und ich hingegen mussten alle Fächer unterrichten, ob wir sie studiert hatten oder nicht, d.h. fachfremd unterrichten. In der Sekundarstufe II ist das anders geregelt, diese Kollegen haben nicht wie ich an einer Fachhochschule, sondern an der Universität studiert und werden somit sofort in eine höhere Gehaltsstufe eingestuft.

Ich kann nicht verstehen, warum Grundschulpädagogen mit der Besoldungsstufe A12 abgespeist werden wohingegen Gymnasiallehrer mit A13 anfangen. Die Grundschullehrer sind es doch, die im arbeitsintensiven Anfangsunterricht erst die Lernbereitschaft der Kinder wecken und ihnen neben den Kulturtechniken auch das Lesen und Rechnen beibringen, welche die Basis für die Schullaufbahn sind, auf die erst die weiterführenden Schulen aufbauen können.

Verstehe, wer das will.
Ich begreife solch einen Unterschied nicht

## I **had** a dream!

Die Visionen meiner Schulleiterin eine Schule der Zukunft zu konzipieren, d.h. Ganztagsbetrieb, außerschulische Mitarbeiter im Hause einschließlich einer Dependance ärztlicher und polizeiliche Art zu etablieren u.v.m., verstand sie nicht dem Kollegium schmackhaft zu machen. Einige ihrer Ideen hätte ich befürwortet unter anderen Rahmenbedingungen, wie ich sie bereits mehrmals beschrieben habe. Bei Einwänden vonseiten des Kollegiums zeigte sie sich streckenweise beratungsresistent und selbstherrlich: Im Gegenteil forderte sie diejenigen zu einem Umsetzungsgesuch auf, die nicht ihrer Meinung waren. So viel Selbstüberschätzung und Autorität habe ich noch nie erlebt.

Einige Kolleginnen hatten über die Befindlichkeit unseres Kollegiums einen Umfragebogen gestartet. Dieser wurden auch von ihnen ausgewertet; aber das Ergebnis – nämlich eine hohe Unzufriedenheit mit der Führungsqualität unserer Schulleitung - interessierte diese scheinbar nicht. Es erfolgte keine Reaktion ihrerseits. Wir waren enttäuscht. Es darf nicht sein, was nicht sein kann.

Dabei wäre ein gutes Raumklima eine wichtige Voraussetzung für ein gutes Arbeitsklima gewesen. Dass die Befindlichkeit der Lehrkräfte eine untergeordnete Rolle - wenn überhaupt eine Rolle-spielte, kann sich der Leser vielleicht schon denken. Interne „Irritationen", durch mich ausgelöst, (habe ich bis heute nicht verstanden) mangelnde Rückendeckung durch die Schulleitung und fehlender Teamgeist trugen auch dazu bei, meinen Zusammenbruch einzuleiten. Ich hatte alles gegeben, ich konnte nicht mehr.

Zum Beispiel meldete ich mich nach längerer Krankschreibung vor Schulbeginn bei der Schulleitung zurück und bekam als Antwort kein *Herzlich Willkommen* oder *Wie geht es dir?*, sondern sie sagte: *Ich muss dich nachher mal sprechen. Es hat Irritationen deinetwegen gegeben.*

Was? Mit wem? Wann? Ich verstand nur „Bahnhof" und spürte ein heftiges Grummeln in der Magengegend. Wie kann man nur so unsensibel sein, dachte ich noch und ging in meine Klasse. Dort konnte ich meine Tränen und Enttäuschung nicht länger zurück halten und verließ völlig aufgelöst den Raum. Zum Glück war meine Vertretungskraft da und federte die Situation ab.

Sie war im Übrigen eine junge, tolle, engagierte Lehrkraft. In vielen Gesprächen, die wir führten, hatte ich das gute Gefühl, meine Klasse in guten Händen zu wissen. Leider hatte sie auch nur einen Zeitvertrag und ging danach lieber in das benachbarte Bundesland, wo sie eine Verbeamtung sicher erwartete. Mehr möchte ich hierzu nicht sagen, letztlich hat die Schulleiterin durch ihr unprofessionelles Verhalten meine Schulimmigration gefördert.

Wir Kollegen kamen mit der Gewaltzunahme an der Schule nicht mehr klar, wir mussten uns beschimpfen lassen und manche bangten um ihre körperliche Unversehrtheit.
Wo blieb eigentlich die Fürsorgepflicht unserer Dienstvorgesetzten, unserer Schulleiterin? Ich habe diese mehrfach vermisst. Eine eilends geforderte Dienstbesprechung mit unserer Schulrätin führte ins Leere: *Ich kann nicht verstehen, warum Sie sich das antun!* (Anmerkung der Schulrätin zu unserer Ohnmacht gegenüber der Schulklientel). *Schreiben Sie doch mehr Gewaltanzeigen, damit das (Schul-)amt* (oder welches Amt meinte sie) *handeln kann.* Die prompte Erhöhung unserer Anzeigen führte mich und zwei weitere Kolleginnen in den Knast, nein, zu einer Fortbildung in den Knast. Mehr darüber schreibe ich im Kapitel *Meine Schülerschaft*.

Auch auf dieser Ebene schien mir sich bei mir eine Machtlosigkeit und Überforderung mit den situativen Bedingungen breit zu machen. Ich fand mich in dieser Schule nicht mehr gut aufgeboben, die Schule konnte das, was ich als Klassenlehrerin und auch Fachlehrerin ertragen musste, nicht mehr kompensieren, keine Anerkennung meiner Arbeit, Formalismus über alles. Für mich war es rückblickend die schlimmste Zeit während meiner Schulzeit.

Es bleibt noch zu erwähnen, dass meine Schule eine außergewöhnliche hohe Lehrer-Fluktuation hatte.
Woran das wohl lag?

## Inhaltliche Unterrichtsbeobachtungen

Aufgrund mangelnder Kenntnisse über die unterrichtliche Arbeit meiner Kollegen kann ich keine zuverlässigen Äußerungen treffen. Die wenigen Kolleginnen, mit denen ich eng zusammen gearbeitet habe, waren sehr engagiert und versuchten, ihren Unterricht modern und kindgerecht durchzuführen.

Ich habe es bedauert, dass meinem Vorschlag einer kollegialen Hospitation kein Raum oder Zeit gegeben wurde. Ich habe damit aus Bonner Zeiten nur gute Erfahrungen gemacht. Aber die Mehrheit des Kollegiums lehnte diesen Vorschlag ab.

Bereits im Jahre 2006 gab es einige Kritikpunkte an der Umsetzung hehrer Ziele unseres Schulprogramms- wie zum Beispiel *Respekt und Freundlichkeit*- die wir nicht erreicht haben. Deren Ursachen sind vielfältig und lassen sich nicht einfach erklären. Meines Erachtens kamen Fächer wie Sport und Bewegung viel zu kurz und wurden ständig bei Vertretungsfällen zugunsten der kopflastigen Hauptfächer Deutsch und Mathematik ausgetauscht.

Sicher war es schwierig für Lehrkräfte ohne die Sportqualifizierung einen Sportunterricht anzubieten. Aber ich fand, wenn Sport ausfiel, musste dies auch durch ein ähnlich gelagertes Fach angeboten werden. Alternativen gab es genug.
Manchmal fragte ich mich, wurden die Schülerinnen und Schüler nur auf ihre Präsentationen hin – als Eintrittskarte für die Hauptschulreife- getrimmt oder auf welches Leben nach der Schule wurden sie vorbereitet und wie, welche Inhalte der Lebensbewältigung boten wir, die Lehrer, an?

# Bürokratie in der Schule hemmte meine Motivation

Aufgrund von Datenschutzgründen erfuhren die Schulen wenig über das familiäre Umfeld ihrer Schüler; die Anzahl ihrer Geschwister wussten diese oft selber nicht, manche wohnten nicht in Deutschland, andere waren bereits verheiratet – *ist das dann noch meine Schwester?* Häufig erhielt ich zu meiner Verwunderung ein Geburtstagdatum mit dem 1.1. eines Jahres. Auf meine Nachfrage teilte die Sekretärin mir mit, dass dies immer dann geschrieben würde, wenn das Kind keine Geburtsurkunde vorlegen konnte. Nicht selten nahmen diese Kinder die Identität ihrer älteren Geschwistern an, wenn diese bereits verstorben waren. Das war in ihrer Heimat – z.B. in Mazedonien oder Anatolien – so üblich. Oft musste auch das Einschulungsdatum nachgerechnet werden. Über die Berufstätigkeit der Eltern erfuhren wir Lehrkräfte nur durch konkretes Nachfragen. Ob das immer stimmte, möchte ich bezweifeln. Ihre Kinder erzählten manchmal Dinge, um sich wichtig zu tun. Nicht selten kam es vor, dass – insbesondere die Jungen – als Berufswunsch den ihres Vaters an gaben: entweder Autohausbesitzer oder Hartz IV oder *ich weiß nicht*. Manche hatten sich bereits auf das Niveau eines Hartz IV-Empfängers eingestellt und zeigten auch keine Motivation dies zu ändern. *Brauche ich dafür überhaupt einen Schulabschluss?* fragten sie. Die Mädchen wollten durchweg heiraten und selbst Kinder bekommen. Sahen sie hierin den Sinn ihres Lebens? Es kam mir oft so vor.

Natürlich gab es an meiner Schule auch eine Schülerakte für jeden Schüler und jede Schülerin. Manche waren umfangreich wie ein Tolstoi-Roman, die wenigsten waren schnell durchgelesen.

Zunehmend wurde die Lehrkraft durch organisatorische Arbeiten und oft überflüssigen Bürokratismus überbeansprucht: sie erledigten Tätigkeiten, die genauso gut ein Sozialarbeiter oder eine Sekretärin erledigen könnte: z.B. Schülerakte vervollständigen, Telefonate mit den Eltern und Ämtern führen oder jährlich Statistiken erstellen.

Anzeigen wegen Sachbeschädigungen mussten innerhalb von 24 Stunden an die Schulbehörde gefaxt werden. Das hieße, dass der Lehrer nach Unterrichtsende die entsprechenden Formulare ausfüllen musste. Wer tat das schon??Anzeigen und Ermittlungen verliefen sowieso immer ins Nichts. Es wäre sehr müßig, jeden Tag aufs Neue bis zu 10 Anzeigen zu schreiben, wozu noch Anzeigen wegen verbaler Beleidigungen aufgenommen werden müssten. Das wäre jedoch bitter nötig gewesen, um Gehör bei der entsprechenden Schulbehörde zu erlangen. Doch kein Lehrer schaffte dies, wann auch?

Wir Kollegen hielten dies nach einer entsprechenden Aufforderung durch die Gewaltbeauftragte unseres Bezirkes einige Wochen durch, woraufhin gleich eine Rückmeldung der Schulbehörde kam: *Sie haben aber viel Gewaltmeldungen an Ihrer Schule.* Welche Schulleitung wollte so etwas schon auf sich sitzen lassen? **Ich** hätte mit der Veröffentlichung dieser Zustände recht gut leben können.

Oft fühlte ich mich wie ein Hamster in einem Laufrad. Ich rannte und rannte und wusste nicht mehr wofür und wohin! Schließlich kaufte ich ein Hamsterrad, setzte eine Maus hinein und stellte es provokativ ins Lehrerzimmer auf den Tisch mit der Aufschrift: *Ich bin kein Hamster*! Leider verfehlte es seine erhoffte Wirkung auf Empathie bei der Schulleitung. Bald war das Laufrad verschwunden, wohl einen Liebhaber gefunden?

Wäre es nicht die Aufgabe der Schulleitung gewesen, auf die Lehrkraft, auf mich, zuzugehen, wenn diese offensichtlich kurz vor einem Zusammenbruch stand? War es dann richtig, ihr zu sagen, sie möge diese Schule verlassen, wenn sie den Anforderungen nicht mehr entsprechen kann? Wo blieb die Fürsorgepflicht der Schulleitung?

Ich habe sie vermisst.

## Leistung in der Förderschule

Eine ganz schwierige Angelegenheit für mich. Da meine Schule keine Grundsätze für eine schuleinheitliche Leistungsbewertung erarbeitet hatte, wurden die Bewertungsmaßnahmen von den Klassenlehrerinnen oder den Klassenlehrern im Jahrgangsteam abgesprochen. Dies war sehr individuell und erwies sich als wenig kompatibel.

Es wurden aber auch nicht Schülerinnen und Schüler mit besonderen Interessen speziell gefördert. Daher habe ich es an dieser Sonderschule begrüßt, dass die Schülerinnen und Schüler keinem wesentlichen Leistungsdruck ausgesetzt werden mussten. Ich konnte so vorgehen wie ich es aus meiner Erfahrung für richtig hielt.

Verbindlich und mit viel Aufwand verbunden war das Erstellen von individuellen Förderplänen durch die jeweiligen Klassenlehrer, in denen auch das soziale Verhalten des Kindes beschrieben und hierzu Hilfen angeboten werden mussten. Diese hätte eigentlich mit dem Elternhaus gemeinsam erfolgen sollen. Aber das klappte in den seltensten Fällen, da die Eltern nicht kamen. Zum Beispiel hatte ich einer Mutter – Väter kommen seltener zu Gesprächen- empfohlen, ihr hyperaktives Kind in einen Sportverein zu geben. Entweder scheiterte dies am fehlenden Geld oder die Mutter wünschte keinen außerhäusigen Kontakt.

Als Nicht-Sonderschulpädagogin war ich froh, überhaupt im geforderten Fachjargon Pläne erstellen zu können. So mussten in den Bereichen Deutsch und Mathematik fachbezogene Kompetenzen als Ist-Zustand festgestellt, dann individuelle Ziele für das Kind formuliert und schließlich stichpunktartig die geplanten Fördermaßnahmen beschrieben werden. Im Abstand von etwa drei Monaten sollte der Erfolg in einer weiteren Spalte dokumentiert werden. Das habe ich selten geschafft.

Vielleicht war dies notwendige Übel in seiner Ausführlichkeit übertrieben, aber es half mir dabei, jeden einzelnen Schüler und jede Schülerin genau in ihrem Arbeits- und Sozialverhalten sowie in ihren Stärken und Schwächen wahr zu nehmen, um sie dann beschreiben zu können.

Da mir Wahrnehmungsdefizite der Schülerschaft aufgefallen sind, habe ich mich der Schulung ihrer Sinne intensiv verschrieben und auch meinen Unterricht hierzu ausgerichtet. Ich bin immer noch der festen Überzeugung, dass die meisten Kinder in dem Wahrnehmungsbereich ihre Probleme haben, aus welchen dann Schwierigkeiten beim Lesen, Schreiben und auch Hören entstanden sind. Siehe dazu auch das Kapitel über *Psychomotorik*.

Mit einer ungeheuren Wichtigkeit wurden die so erstellten Pläne von der Schulleitung gelesen und abgezeichnet oder moniert. Aber auch Förderpläne wurden ständig durch neue Formulare und neue Vorschriften ersetzt.

Der Leser mag erahnen, wie viel Zeitaufwand hier hinter steckte. Zeit, die ich besser hätte nutzen können.
Im Rahmen des schulinternen Curriculums wurden Standards, Indikatoren zur Überprüfung einzelner Fächer für die Jahrgänge 7 bis 10 vom Jahrgangsteam erarbeitet.
Beispiele aus meiner Praxis (Auszug) finden sich im Anhang am Ende des Buches.
*Die schwarz-rote Landesregierung in Mecklenburg-Vorpommern hat beschlossen, dass zum nächsten Schuljahr 2013/14 Kopfnoten auf den Schulzeugnissen in den Bereichen Mitarbeit, Betragen, Fleiß und Ordnung wieder einzuführen.*
*„Kopfnoten sind unerlässlich zur Bewertung des Sozialverhaltens".* (Quelle: Marc Reinhardt, bildungspolitischer Sprecher der CDU-Landtagsfraktion in der Ostsee-Zeitung vom 26/27. Januar 2013).

Das ist kein Relikt aus der DDR-Zeit, auch zu meiner Schulzeit gab es diese in NRW. Kopfnoten sind vielleicht das einzige Druckmittel, welches dem Lehrer zur Verfügung steht, zumindest bei meinen lernunwilligen und Schülern und deren schuldistanzierten Eltern. Wie soll man denen sonst beikommen?

Sicherlich ist über den Modus noch zu streiten, aber grundsätzlich finde ich diese Richtung gut und sollte nicht wieder durch übertriebene Fürsorgepflicht einiger Gegner aufgeweicht werden. Wird nicht schon lange in der freien Wirtschaft der Bewerber durch verschlüsselte Angaben über sein Sozial- und Arbeitsverhalten „ausgehorcht"?

# Kooperationen mit außerschulischen Partnern

Meine Schule hatte Kooperationsverträge mit Einrichtungen des nahen Umfeldes geschlossen als da sind Jugendeinrichtungen und Sportvereine.
Das Ziel war, der Schülerschaft eine sinnvolle Freizeitgestaltung anzubieten und die Scheu vor dem Besuch der Einrichtungen zu nehmen.
  Eine nahe gelegene Jugendeinrichtung, die *Remise*, konnte von Klassen auch vormittags ab 12 Uhr besucht werden, was ich persönlich immer dann gerne tat, wenn die Schüler nicht mehr aufnahmefähig waren und wir einfach eine Auszeit brauchten.
  Es gab dort Tischtennisplatten, ein Kickerspiel, Billardtische und für draußen einen Bolzplatz. Die Sportlehrer boten sogar Fitnesstraining im eigens mit Fitnessgeräten ausgestatteten Raum an. Manche meiner Mädchen hatten schnell die Scheu verloren und trafen sich nachmittags in der Einrichtung zum Basteln, zu Ausflügen u.v.m. Speziell für Mädchen gab es einen Mädchenraum, den sie gerne benutzten zum Quatschen. Eine tolle Einrichtung des Jugendamtes, zu finden in vielen Stadtteilen Berlins.
  Ein für unsere Schule in finanzieller Hinsicht interessanter Kooperationspartner war das von der Senatsverwaltung für Stadtentwicklung geförderte Quartiersmanagement, kurz QM genannt. Das

QM wurde vor fast 20 Jahren- finanziert von den Kommunen und europäischen Fördergeldern- in städtischen sozialen Brennpunkten als Begegnungsstätte eingerichtet mit dem Ziel als Bindeglied zwischen der aktiven Beteiligung der dort ansässigen Bürgern, ihren Kindern und den Behörden zu vermitteln:

Projekte wurden initiiert, Sponsoren, Vereine zur Kooperation gesucht mit dem Ziel, das Gemeinschaftsgefühl der Bewohner zu verbessern und das Wohnumfeld attraktiver zu gestalten.

Unsere Schule fand schnell die Zusammenarbeit mit dem hiesigen QM. Es wurden Elternabende für unsere Migrantenkinder angeboten, leider mit wenig Beteiligung, es gab umfangreiche Nachmittagsangebote für die Kinder, kostenfrei, in deren Räumen, und unsere Schule wurde mehrmals mit Fördergeldern für besondere Projekte bedacht.

Über den pädagogischen Wert von musikalischer Früherziehung ist an vielen Stellen geschrieben worden. Kinder singen von Natur aus gerne und versuchen sich früh in der Rhythmik Schulung z.B. als Kleinkind das Schlagen auf Kochtöpfen.

Daher begrüßte ich es außerordentlich, als unser Förderverein sich dieser Thematik annahm und einen Sponsor für unseren Musikunterricht suchte.

*Ziel des Projektes "Musik an der Schule" ist es, die vorhandenen Stärken der SchülerInnen an einem Ort zum Vorschein zu bringen, der sonst in ihrem Leben sehr defizitorientiert und negativ besetzt ist. Weiterhin ist diese Form des Musizierens aggressionsabbauend. Günstigstenfalls erleben unsere SchülerInnen eine Bestätigung, sich ein Hobby zu suchen, Unternehmungen zu Ende zu bringen, ein positives Gemeinschaftsgefühl. Auch können wir nach außen, vor anderen Leistungsbeweise erbringen, die ihnen bisher so nicht möglich waren.* (Auszug aus dem gestellten Antrag auf Förderung im Rahmen „Zukunftsinitiative Stadtteil" der Schule an das Bezirksamt Mitte von Berlin.

*Das Musikmachen sollte ein positives Gemeinschaftsgefühl auslösen*
*Musik erfahren mit allen Sinnen: wir trommeln uns frei Die Grundschüler und -schülerinnen sollen über das Trommeln einerseits Kontakt zu einem Musikinstrument bekommen, andererseits aber wird im Kurs besonders die Kooperation mit den anderen gefördert, ihre Sinne, Wahrnehmung und Rhythmusgefühle geschult und verbessert.*
*In der musikalischen Grundausbildung bekamen die Schüler einen Zugang zu Musikinstrumenten, die sie selber spielen können.*
*Ihre Bereitschaft, anderen zuzuhören, gemeinsam ein Musikstück einzuüben und später zu präsentieren, fördert ihre Geduld, Aufmerksamkeit und ein strukturiertes Miteinander. Das wiederum fördert intensiv die Integration der – teils schwer erziehbaren - Kinder und Jugendlichen in unsere Gesellschaft.* (aus meinem Antrag auf Weiterführung des Projektes)

Für das Trommel-Projekt konnte die Schule einen Musiklehrer, Patrick, aus Afrika gewinnen, welcher bereit war, unsere Schüler in den Grundlagen des Trommelns zu unterrichten. Er war nicht nur außergewöhnlich engagiert, sondern die Schüler mochten ihn sehr wegen seiner jugendhaften Fröhlichkeit und seinen lustigen Scherzen. Anfangs fiel es ihnen zwar schwer, auf Kommando nicht mehr zu trommeln, aber auch dies gelang Patrick nach unermüdlichen Wiederholungen. Er führte den Kurs für jeweils eine Unterrichtsstunde pro Woche durch. Dabei waren die jeweiligen Klassenlehrer mit anwesend. Am Schluss des Kurses folgte in der Aula ein großer Auftritt; ein gelungener Beitrag für die Formung einer Klassengemeinschaft. Patrick war es beispiellos gelungen, aus einer Horde sinnlos auf den Trommeln herumhackender Schülermasse ein vorführfähiges Ensemble werden zu lassen. Wirklich schade, dass Pat nach zwei Jahren keine Kraft mehr hatte weiterzumachen.

Es war nur schade, dass die musische Unterweisung durch eigene Fachkräfte kaum durchgeführt werden konnte. Dabei hielt ich die musischen Fächer gerade für unsere Schülerschaft für unverzichtbar. Sie müssten kein Instrument lernen oder Notenkunde, sondern sie lernten, ihre Freude und Emotionen über die Musik ausausdrücken. Das machte dann auch Spaß, wenn sie trommeln oder andere Rhythmik Instrumente benutzen durften.

Ein weiteres Projekt wurde durch einen Antrag verwirklicht: *Das Tanzglockenspiel soll ein auf dem Schulhof befindliches, reizvolles Bewegungsangebot sein. Hier lernen unsere Schülerinnen und Schüler Bewegung und Musik miteinander zu verbinden und sie müssen sich absprechen, was zur Steigerung der Sozialkompetenz führt.* ( derselbe Antrag, 16 Seiten umfassend!)

Das war sicher ein wesentlicher Schritt in die richtige Richtung, aber Theorie und Praxis lagen weit auseinander.

die Schüler sprangen wie Wilde auf die Platten, völlig unkoordiniert. Nur gut, dass dies Spiel im Boden eingelassen worden war. Vielleicht lag es auch daran, dass die Klassen nicht in entsprechende Bewegungsformen eingeführt wurden.

In meinem Kiez sind zwar viele Fördergelder in den Ausbau von Spielplätzen usw. geflossen, aber zu einer echten Zusammenarbeit zwischen den hiesigen und zugereisten Bürgern kam es nicht. Zum Beispiel erschienen an einem „Tag der Offenen Tür" in den Räumen des QM fast keine Migrantenkinder und auch wenig deutsche Besucher. Einfach beschämend für das Engagement der Mitarbeiter, welche ein umfangreiches Speise- und Getränkeangebot bereitgestellt hatten. Als Vertreterin meiner Schule – ich war zu der Zeit in der Erweiterten Schulleitung tätig – trank ich beschämt meinen Glühwein aus. Die Mitarbeiter waren ebenfalls sehr enttäuscht. Was war schief gelaufen? Keine Ahnung.

Zu meiner Freude hielt wöchentlich ein städtischer Bücherbus vor unserer Schule, den ich mit meiner Klasse regelmäßig besucht habe, um die Schüler zum eigenständigen Lesen zu bringen. Dabei durften sich meine Schüler keine Videos, oder PC-Spiele und ähnliches ausleihen.

Manche meiner Schüler hatten als Teil seines Verhaltenstraining von mir den Auftrag erhalten, ihren Geschwistern vorzulesen. Das klappte somit recht gut.

# Klassenfahrten und Ausflüge

Ein recht kurzes Kapitel: Ich unternahm keine Klassenfahrten mit Übernachtung, was wohl auch nicht verwunderlich ist. Den zu erwartenden Stress wollte ich mir nun wirklich nicht antun.

Ausflüge fanden schon eher statt, da nicht nur die Schülerinnen und Schüler aus dem Schultrott aussteigen konnten und das Gemeinschaftserleben das Klassengefüge stärkte, sondern auch manche Lehrkräfte – wie ich – erlebten diese Zeiten als bedingt entspannende Freizeit.

Teilweise machte es Spaß zum Bowlen oder ins Schwimmbad zu gehen. Wir gingen auch gerne mit den oberen Klassen zu Messen wie der *„Grünen Woche"*, weil die Kinder recht früh dem Veranstaltungsort übergeben werden konnten, um selbständig Erkundigungen einzuholen und wir Lehrkräfte aus der Verantwortung waren. Ausflüge ins Kino wurden generell präferiert.

Bei meinem ersten Ausflug mit meiner vierten Klasse in die nähere Umgebung, erlaubte ich ihnen, in einem Zeitschriftenladen sich etwas Süßes zu kaufen. Nach wenigen Minuten kam meine Meute schreiend raus gelaufen, da ein Schüler heimlich Kaugummis geklaut hat und der Chef es bemerkt hatte. Ich erteilte diesem Schüler Ladenverbot und sagte zu meiner Klasse: *„Wenn wir Ausflüge machen wollen, muss ich mich auf jeden Einzelnen verlassen können, dass er kein Mist baut. Sonst geht es nicht."* Aber diesen Satz habe ich in den Wind gerufen, wie sich noch öfters heraus stellen sollte.

Bei unseren Klassenausflügen herrschte unterschiedliche Stimmung vor: die einen wollten immer nur Bowlen gehen, die anderen auch mal ins Kino. Dennoch war ich enttäuscht, als beim Besuch in das nahe liegende Zuckermuseum im Wedding von meinen 10 Schülern nur drei Schüler auftauchten. Kein Geld für die Fahrkarte? Viele fahren doch eh´ „schwarz". Der Eintritt war außerdem kostenfrei. Am nächsten Morgen erhielt ich von 5 Schülern eine Entschuldigung, dass sie krank waren Immer diese Bauchschmerzen, auch bei den Jungen! Das hat mich schon verwundert. Warum waren die Kinder so oft krank? Die andern hatten kein Interesse und auch keine Entschuldigungen. *Hab ich nicht!* Kriegte ich auch nicht! Eigentlich schade um das entgangene Gemeinschaftserlebnis.

Einen weiteren Ausflug unternahmen wir dann mit unserer Parallelklasse in den Naturpark Wuhlheide. Wir waren insgesamt 16 Kinder, 2 Lehrkräfte und eine Erzieherin. Im dortigen Naturkundemuseum bastelten sie. Eigentlich ein gelungener Tag, wäre nicht noch die Heimfahrt mit der S-Bahn gewesen. Einige Jungen rasteten völlig aus, hängten sich an die Handschlaufen und schaukelten, oder hielten immer wieder die Türen auf, so dass der Zug nicht abfahren konnte oder belästigten andere Fahrgäste: *Was guckst du?* Einfach peinlich.

Der nächste Ausflug ging dann zu Fuß zum Bunker Humboldthain. Überwältigt von der weiten Aussicht fragten einige Schüler, ob das noch Deutschland sei. Offensichtlich hatte mancher seinen Kiez noch nie verlassen.

Als ich ihnen von der geschichtlichen Funktion dieses Bunkers während des letzten Weltkrieges erzählen wollte, waren sie doch einfach überfordert und konnten sich einen Krieg nicht vorstellen. Obwohl einige Familien aus Kriegsgebieten kamen.

Ein weiterer Besuch führte uns zu einem aus dem Zweiten Weltkrieg relativ gut erhaltenem Hochbunker am Lehrter Bahnhof mit integriertem Gruselkabinett. Ich denke, die Schüler erinnern sich heute nur noch an das Gruselkabinett, für Geschichtliches waren sie kaum empfänglich.

Obligatorisch war für mich ein Besuch der ehemaligen Mauer am Potsdamer Platz. Die Schüler konnten kaum etwas mit diesem *Stück Beton* anfangen. Woher auch? Wer hätte ihnen die Historie vom Mauerbau und Mauerfall nahe bringen sollen? Ich habe es öfters versucht, persönliche Erfahrungen, wie ich sie noch erlebt hatte, waren bei ihnen nicht gegeben.

Aufklärung über die politischen Verhältnisse der beiden deutschen Staaten bis zum Mauerfall 1989 konnte von den Eltern nicht erwartet werden, auch wenn diese im Besitz eines deutschen Passes sind und schon länger in Berlin wohnten.

## Meine Schülerschaft

Die Schule ist nach meiner Meinung neben der Familie der wichtigste Lebensraum in der erzieherischen Entwicklung der Kinder.
    In arabischen Ländern wird dagegen die Schule als **der** Ort der Erziehung verstanden. Die Eltern übergeben die Erziehung ihrer Kinder in die Obhut der Lehrerschaft.
Sicherlich erwarteten wohl die meisten unsere Elternschaft das gleiche auch in Deutschland.
    Aber hier war das anders. Lehrer wünschten sich im Allgemeinen erzogene Kinder, dafür konnten Eltern von den Lehrern die Bildung ihrer Sprösslinge erhalten. Das war der „Deal". Es herrscht in der Pädagogik ein allgemeiner Konsens, dass erzogene Kinder lernbereiter sind als nicht erzogene.
    Ein Großteil meiner Schülerinnen und Schüler stammten aus einem schulfernen, der sozialen Unterschicht angehörendem Elternhaus mit Migrationshintergrund oder ndH, nicht deutscher Herkunft. Die Eltern waren durchweg Analphabeten und kannten aus ihrer Heimat nicht die allgemeine Schulpflicht, ihre Kinder waren mangelhaft erzogen.
    Früher nannten wir diese Menschen mal Gastarbeiter. Viele von ihnen sind in der dritten oder auch vierten Generation in Deutschland und deren Kinder sind überwiegend in Deutschland geboren worden und besaßen auch den deutschen Pass.

Trafen - wie an meiner Schule geschehen - viele Schüler unterschiedlicher Herkunft zusammen, so ließ sich eine konfliktträchtige Atmosphäre nicht vermeiden, die oft auf dem Schulhof während den Pausen eskalierte. Auch war es für uns Lehrer gar nicht so einfach, da wir wenige Kenntnisse über die verschiedenen Ethnien hatten.

In welchem Dilemma befanden sich eigentlich diese Kinder? Zu Hause waren sie Araber oder Bosnier, in der Schule Deutsche, auf der Straße irgendetwas dazwischen? Womit sollten sie sich eigentlich identifizieren? Leider verhinderte unsere Schule die Beherrschung ihrer Heimatsprache, sie wurde weder in mündlicher noch in schriftlicher Form gepflegt. Ein Muttersprachlicher Unterricht wurde nicht angeboten. Die Kinder konnten meistens nicht richtig Deutsch, aber auch nicht korrekt in ihrer Heimatsprache reden geschweige denn diese Sprache lesen oder schreiben.-

Bei unseren Schülern aus dem arabischen- und dem Balkanraum konnten die europäischen Kulturtechniken nicht als gegeben vorausgesetzt werden: Viele Kinder kannten kaum hiesige Schreibutensilien wie Bleistift, sie konnten nicht sachgerecht mit einer Schere umgehen und manche waren auch nicht in der Lage, ihre Schuhe mit Schnürsenkeln alleine zuzubinden. Wohl auch deshalb trugen viele Schüler Schuhe mit Klettverschluss.

Und genau hier – in der von der Gesellschaft geforderten Integration- setzten die Probleme an, mit denen ich es als Lehrerin zu tun hatte.

Dazu mehr im Kapitel über *Integration durch Bildung*.

Meine Schule übernahm im Laufe eines Schuljahres zum Beispiel einen Schüler, der aus Schweden kam, ein gebürtiger Schwede. Sein Herkunftsland war Libanon. Er hatte noch weitere 13 Geschwister, die teilweise unserer Schule zugeführt worden waren. Beim Vorstellungsgespräch wusste die Mutter nicht, dass eine ihrer Töchter am selbigen Tage Geburtstag hatte; der Vater kannte nicht alle Namen seiner Kinder. Auf die Frage, warum sie Schweden verlassen hätten, antwortete der 14-jährige Schüler in gebrochenem

Deutsch: *Weil wir keine Stütze mehr vom schwedischen Staat bekamen, wurden wir einfach ausgewiesen.*

Dieser Junge forderte uns Kollegen ganz schön heraus mit seinem unerzogenem Verhalten, wenn ich es mal vorsichtig umschreiben sollte: Dabei war *Schule schwänzen* noch das annehmbarste für die Lehrkräfte und auch einige Schüler, weil er dann nicht in der Schule war, um zu stören oder seine Geschwister in den Klassen zu „besuchen". Oft stand er rauchend vor der Schultür mit seinen „Freunden", die ebenfalls schwänzten. Schließlich wurde er einem Projekt zugewiesen, um seinem delinquenten Schulverhalten entgegen zu wirken. Ob es geholfen hat, entzieht sich meiner Kenntnis.
Meine Schule musste alle Schülerinnen und Schüler aus ihrem Einzugsgebiet aufnehmen: Schulschwänzer, Schulverweigerer und Kriminelle, soweit sie noch schulpflichtig waren und nicht im Knast saßen. Wir waren für sie die „letzte Instanz".
Alternative Schulformen für unsere Schulklientel gab es nicht.

Eine rühmliche Ausnahme spielte mein Schüler Ahmed, welcher aus Neukölln kommend, später vor der bekannten Richterin Heisig zur Jugendhaftstrafe verurteilt wurde. Bis heute weiß ich nicht, warum er in meinen Bezirk gekommen war.
In meine Schule kamen auch diejenigen Kinder, die nach einem aufwendigen Überprüfungsverfahren in der – meist schon - Grundschule auffällig geworden waren. In Hinsicht ihrer mangelnden Sprachentwicklung oder Sprachstörungen, ihrem geringen deutschen Wortschatz, der einher geht mit Lese- Rechtschreibschwächen, wurden diese Kinder an uns überwiesen. Aber auch zunehmend wurden Kinder - meistens Jungen - mit mangelnder emotional-sozialer Entwicklungen und Wahrnehmungsdefiziten bei uns aufgenommen. In der abgebenden Schule waren diese meist zusätzlich durch Aggressivität und durch ihr Verhaltens auffällig geworden, was eine Wiederholung in der Grundschule und dann einen Schulwechsel an meine Schule bedeutete. Eine Klassenwiederholung war damals ein probates Mittel, um „schwierige " Schüler loszuwerden.

Ich konnte nachvollziehen, dass manche Kollegen und Kolleginnen so gehandelt haben, nachdem ich ihre „Früchtchen" später bei uns kennen gelernt hatte. Wurden die Schüler von den Lehrkräften eigentlich immer dort abgeholt, wo sie leistungs- und entwicklungsmäßig standen? Nein. Sie kamen in die 4. Klasse, in die 5. Klasse und schließlich zu uns an die Sonderschule, weil sie mit dem Lernstoff nicht mehr mitkamen. Sie konnten doch kaum lesen! Zum Glück ist heute das „Sitzenbleiben" in vielen Bundesländern nicht mehr erlaubt.

Meistens hatten diese Kinder bereits in der Grundschule einen ständigen Lehrerwechsel. Diesen erlebten viele Schüler als Missachtung ihrer Persönlichkeit und Vernachlässigung ihrer emotionalsozialen Bedürfnisse, die sie zu den Lehrern aufgebaut hatten. Dabei brauchten sie in ihrer Entwicklungsphase Kontinuität und Zuverlässigkeit durch die Erwachsenen. Einen permanenten Wechsel zerriss die zart geknüpften Bande zur jeweiligen Lehrperson. Oft suchten diese Jungen ihren Platz in der Gemeinschaft durch Überspielen oder Kokettieren ihrer Schwächen, womit sie unangenehm auffielen und den Klassenverband zu sprengen drohten.

Sie suchten nach Freundschaften, die sich nicht über ihre Schulleistungen definierten; oft fanden sie ihre Anerkennung dabei in außerschulischen Cliquen, in denen sie sich einen vermeintlichen „Aufstieg" in der Hierarchie erhofften.

Manche waren völlig unfähig, die an sie gestellten Forderungen zu erfüllen: *Nein, das mache ich nicht, das kann ich nicht, ich gehe jetzt nach Hause.*

Wegen dieser offensichtlich aus dem Elternhaus kommenden Verzärtelung verweichlichten viele von ihnen in ihrer Entwicklung, neigten zu Narzissmus und Egozentrik. Daher war es im Unterricht oder beim Spielen mit anderen äußerst schwer für sie, Regeln anzuerkennen, die sie nicht für opportun einschätzten. Sie wurden dann nicht selten aggressiv und beendeten das Spiel eigenwillig. Nur kein Verlierer sein, bloß keinen Gesichtsverlust erleiden, auch nicht im Sport. Ein Spiel, ein Match im Sport zu verlieren, davor hatten sie

Angst. Angst, ihr Gesicht und die vermeintliche Anerkennung durch ihre Clique einzubüßen.

Andererseits schienen mir viele muslimische Schüler gefangen zu sein in einer erschreckenden fehlenden Empathie: kein Mitempfinden für Behinderte, traurige Mitschüler oder für gequälte Tiere. *Na und, da kann ich doch nichts für!*
Als sie merkten, dass sie auf einer „Sonderschule" gelandet – oder besser gesagt gestrandet - waren, wollten sie es nicht wahr haben: *Was, das ist eine Sonderschule? Aber ich bin doch nicht behindert!*

In den 7. Jahrgängen wurden unsere Schülerinnen und Schüler Vergleichstests (wie in allen Berliner Schulformen) in den Fächern Deutsch und Mathematik unterzogen, Englisch wurde nach Protesten der Sonderschule heraus genommen. Sie haben noch nicht einmal alle Aufgabenstellungen verstanden.

Wenn auch nicht alle, so war doch die Schülerschaft insgesamt an meiner Sonderschule so gekennzeichnet:
Disziplinschwierigkeiten und eine oftmals damit einhergehende Verhaltensauffälligkeit und Aggressivität auf der einen Seite und auf der anderen Seite eine Machtlosigkeit der Pädagogen aufgrund fehlender disziplinarischer Möglichkeiten prägten meinen Schulalltag.

## Lesen, lesen und nochmals lesen

Programme zur Förderung grundlegender Kompetenzen wie zum Beispiel Lesen gab es an meiner Schule nicht.
Für mich war der Erwerb einer Lesekompetenz vorrangig.

Dabei ist Lesen die wichtigste Kernkompetenz, die von den Schülern geleistet werden muss, sollen sie aktiv am gesellschaftlichen Leben teilnehmen. Die Lesefähigkeit, das Textverständnis und das dadurch ermöglichte Generalwissen ist ein Grundstein zur Bildung und auch zur Integration in die deutsche Gesellschaft.

Eine damit verbundene Lesekultur könnte sich entwickelt z.b. durch Vorlesen und dem Vorbildverhalten der Erwachsenen. Daher räumte ich der Förderung des Lese-Schreiblehrganges höchste Priorität ein. Dies geschah bei mir meist zu Lasten des Faches Englisch, über dessen Erteilungszwang ich mich einfach hinweg gesetzt habe. Wenn Schülerinnen und Schüler schon mit Lesen und Schreiben Probleme hatten, sollte man sie noch zusätzlich mit Englisch quälen. Das würde nur die Konzentration auf das Wichtigste: Lesen, Schreiben und Rechnen nehmen.

Die wichtigste Voraussetzung vor allen anderen Fähigkeiten sah ich für unsere Schülerschaft im Leselernprozess, und wenn ich dabei mit der Schulung von Wahrnehmungen beginnen musste. Wenn ein Kind am Ende des 2. Schuljahres nicht ausreichend lesen kann, so wird das seine gesamte weitere Schullaufbahn beeinträchtigen.

Das muss man sich mal vorstellen:
Ich hatte einen Schüler, der mit 21 Jahren endlich – aus Gottes oder Allahs Gnade -den Abschluss erhalten hat, da er so schlecht lesen konnte. Er war mehrfach sitzen geblieben, weil er „nicht mit kam"! Andere Schüler wurden entlassen ohne ausreichende Lesekompetenzen. Unglaublich. Das war aber zum Glück die Ausnahme.

Meine Jugendlichen blieben im Bereich Lesen in der untersten Kompetenzstufe. Aufgrund ihrer geringen mathematischen Leistungen- noch nicht einmal die Grundrechenarten konnte ich als gesichert voraus setzen - könnten sie in der weiteren Ausbildungsphase wahrscheinlich erhebliche Probleme haben.

Da unsere Schüler kaum Perspektiven auf dem Arbeitsmarkt zu haben schienen, ohne Abschluss, aber mit deutschem Pass, haben wir hin und wieder Kinder, die die Schule verließen ohne ausreichende Lesefertigkeiten zu besitzen. Für unerlässlich hielt ich die Differenzierung, besonders in den Eingangsklassen. Das ging aber nur mit ausreichenden Lehr- und Sozialkräften. Eine gute Möglichkeit jeden Einzcln gezielt zu fördern, war der Einsatz von zwei

Lehrkräften im Unterricht. Leider wurde zu oft die zweite Lehrkraft anderweitig zum Vertretungsunterricht wieder abgezogen. Hier konnte nicht mehr von einer Kontinuität des Lernprogrammes und einer Individualität des Kindes die Rede sein.

Viele Schüler waren nicht in der Lage, sich sechs Unterrichtsstunden auf kopflastige Fächer wie Deutsch, Mathematik und Englisch zu konzentrieren, von ihren Abneigungen gegen diese Fächer einmal ganz abgesehen.

## Schülermitarbeit- eine Utopie?

Gemeinsam mit einem Kollegen versuchte ich eine Schülerversammlung an der Schule zu etablieren. Das erwies sich als so schwierig, dass wir es alleine nicht schafften, zumal die Kinder in der ersten Stunde zu unserer Klassensprecherversammlung kommen sollten. Da - wie bekannt - viele zu spät kamen und dann doch kein Interesse an Diskussionen zeigte, war das Unternehmen zunächst gescheitert. Erst nach uns übernahmen andere Kollegen die Moderation der Versammlungen unter anderen Bedingungen.

Insgesamt fehlte es unserer Schülerschaft an Sekundärtugenden wie Pünktlichkeit, Zuverlässigkeit, Fleiß, Ordnungsliebe und Frustrationstoleranz, *also Charaktereigenschaften, die zur praktischen Bewältigung des Alltags und zum "störungsfreien" Betrieb einer Gesellschaft beitrügen,...* (Quelle: Wikipedia)

Das war das, was unseren Schülern im Betriebspraktikum abverlangt wurde. Wie viele scheiterten schon am ersten Arbeitstag, da sie zu spät kamen oder sich nicht krank gemeldet hatten. Dann saßen sie wieder für die nächsten 14 Tage in der Schule und mussten in anderen Klassen aufgenommen werden oder wurden mit mehr oder weniger sinnvollen Arbeiten beschäftigt. Die Suche und das Finden nach Praktikumsstellen hatte sich für unsere Schüler als außerordentlich schwierig erwiesen. Erschwerend kam hinzu, dass immer mehr Schüler kein Praktikum wollten und lieber in die Schule kamen.

Schüler aus meiner Klasse weigerten sich, ein Praktikum auf dem städtischen Friedhof zu absolvieren, da dort Christen und Juden – ihre Erzfeinde – lagen. Als schließlich ein deutscher Schüle dort arbeitete wurde er von seinen Mitschülern gemobbt: *Bist wohl ein Judenfreund, du Scheiß Deutscher!*

Wer sich - wie meine Schüler- noch nie dem Arbeitsmarkt gestellt hat, verliert die Kompetenzen, die für das Berufsleben wichtig sind.

Die Schüler in den oberen Klassen zeichneten sich hauptsächlich durch Desinteresse an den angebotenen Schulfächern aus; hingegen an der Arbeit am PC waren sie unschlagbar, sofern ihre Neigungen und Wünsche über das Internet befriedigt werden konnten. Die wenigsten Schülerinnen und Schüler hatten die Chance, in die Regelschule zurückgeführt zu werden.

Ein polnischer Vater, der Interesse an der schulischen Entwicklung seines Kindes zeigte, hat es geschafft, dass seine Tochter erfolgreich zur Hauptschule wechseln konnte. Aber hier war auch eine enge Zusammenarbeit mit dem Vater gegeben. Maria hatte nämlich wegen häuslichen Gewaltvorfällen völlig in der Grundschule versagt und fiel damit leistungsmäßig rapide ab. Also kam sie an meine Schule, in meine Klasse. Nachdem die häusliche Situation sich vollkommen entspannt hatte und Maria weit über den Fähigkeiten ihrer Mitschüler stand- sie konnte fremde Texte perfekt lesen, hatte eine rasche Auffassungsgabe- wollte ich sie an die Grundschule zurück überweisen. Das war zunächst nicht möglich, sollte sie doch erst lernbehindert sein und jetzt nicht mehr (was für ein Wunder??) Sie solle lieber noch zwei Jahre bei mir verweilen mit besonderer Förderung und nach der 6. Klasse dann auf die weiterführende Schule gehen. Dank des unermüdlichen Einsatzes ihres Vaters gelang es uns endlich, die Behörden davon zu überzeugen, sie probeweise in die Grundschulklasse zu überweisen Das klappte auch gut. Sie musste sich sehr anstrengen, ist aber heute, nach zwei Jahren, sehr glücklich über diesen frühen Wechsel; wie oft hatte sie sich bei mir beklagt, wie blöd und dumm ihre Mitschüler seien. Alles ist möglich.

## Mach mal Pause, klatsch mal wieder

oder:
Unsern täglich´ Kampf erspar´ uns heute!

Das schönste Zeichen ist das Pausenzeichen - wenn man keine Aufsicht hat. Pausen sind weder für die Lehrerschaft als auch für die Schülerschaft kaum noch Erholungspausen. Dabei galt: je mehr Unterrichtsstunden man erteilte, je mehr Pausenaufsichten mussten man machen. Das fand ich sehr ungerecht, denn oft mussten zusätzlich Aufsichten für fehlende Lehrkräfte getan werden. Manchmal schaffte ich es gerade noch zur Toilette, bevor ich wieder in der Klasse sein musste. Bei beginnender Inkontinenz dachte ich schon an Windeln...

Mein Vorschlag, die bei uns tätigen Sozialarbeiterinnen für die Aufsicht einzuspannen, stieß auf Entsetzen ihrerseits, da sie eine andere Pausenregelung hätten. Auch das hatte ich nicht verstanden. Die oft im Klassenverband angefangenen Streitigkeiten oder Konflikte wurden dann in der Pause auf dem Schulhof weiter ausgetragen, selten friedvoll.

Für die Aufsicht führende Lehrkräfte endete die Streitschlichtung schon mal unter Einsatz eigener Körperkräfte. Schließlich wurden Schülerinnen und Schüler zu Streitschlichtern ausgebildet, die sich in die Konflikte rechtzeitig einschalten sollten. Deren Akzeptanz bei ihren Mitschülern war nicht immer hoch.

Manche Schüler verstand man nicht, da sie in ihrer Muttersprache sprachen oder sich an grölten. Vielleicht war das auch besser so, wenn man nicht alles verstand. Pausenaufsichten waren eine Strafe für sich. Oft genug hatte ich Situationen, in denen ich den Jungen am liebsten einfach eine runtergehauen hätte, wenn sie Mädchen anmachten…

Für die sich permanent streitenden Schüler wurde eigens eine Pausenaufsicht in einem leeren Klassenraum eingerichtet. So waren zumindest die Mitschüler vor deren Attacken sicher. Auch sollten soziale Trainingseinheiten zu kleinen Erfolgen geführt haben.

Ganz schlimm waren die so genannten „Regenpausen". Dann durften die Klassen nicht auf den Schulhof, da sie mangels entsprechender Kleidung patschnass werden würden. Somit wurden sie in ihren Klassen bzw. auf ihrer Etage unter Aufsicht der dort anwesenden Lehrkräfte gehalten.

Viele Mädchen nutzten auch die Gelegenheit, um sich zu „Partys" auf den Toiletten zu treffen. Alternative Räume zum nicht überdachten Schulhof standen nicht zur Verfügung. Mein Vorschlag die Turnhalle zu öffnen wurde mit der Bemerkung abgeschmettert, dass dann wieder eine zusätzliche Aufsicht nötig wäre und zu viele unkontrolliert in die kleine Halle drängen würden. Ausprobiert haben wir es nicht, ich resignierte sicher nicht das erste Mal.

Theoretisch wechselten sich die Lehrkräfte auf den Etagen ab. Aber praktisch klappte das auch nicht, da es unter den Schülern immer wieder zu unerwünschten „Besuchen" kam, woraufhin einige ausrasteten bis hin zu Prügeleien. Manche trafen sich auf den Toiletten, um verbotenerweise eine Zigarette zu rauchen oder mit ihrem Gewaltpotenzial zu protzen, indem sie Waschbecken, WC oder auch die Türen aus den Angeln rissen. Obwohl für diese Örtlichkeiten ebenfallseine Pausenaufsicht eingesetzt worden war, kam es immer wieder zu derartigen Übergriffen. Auch wenn die Klassenlehrer diese Vorfälle im Unterricht thematisierten, wurden nie die Täter ermittelt oder ein Unrechtbewusstsein bei den Jungen entwickelt.

Leider verging kaum ein Tag ohne Störungen meines Unterrichts: es wurde massiv gegen die Tür getreten oder die Tür wurde unter lautem Grölen der Täter aufgerissen und etwas Unflätiges hinein gebrüllt. Sie zu erwischen war hoffnungslos, da sie rasch im Treppenhaus verschwanden. Da mein Klassenraum neben den Toiletten war, wurden wir ständig mit Unruhen vor der Toilette durch lautstarke Gruppen gestört, bis ich eigenmächtig die Toilettentüren abschloss. Das hatte noch mehr Aufregung zur Folge, da die Kinder(!)doch nicht so lange aushalten könnten. So die Meinung einiger Lehrer. Mein Vorschlag, die Kinder nicht während des Unterrichts und wenn, dann doch einzeln zur Toilette zu schicken, war nicht durchführbar. Ich denke, dass einzelne Lehrkräfte einfach zu erschöpft waren wegen den ständigen Diskussionen und ihre Kinder einfach gewähren ließen, um Ruhe zu bekommen.

Wir hätten gut eine Toilettenkraft gebrauchen können. Nur wer hätte sie bezahlen sollen?

## Regeln und Grenzen

Kinder brauchen Werte und Grenzen, um Orientierung zu finden. Idealerweise sind ihre Eltern hierin Vorbild. Dass dies leider nicht so war, erfuhr ich sehr rasch.

Die ersten Schulwochen eines neuen Schuljahres wurden nicht umsonst als soziale Lernwochen deklariert, um den Schülerinnen und Schülern den reibungsarmen Umgang in einer Gemeinschaft zu ermöglichen. Sie dienten dem Erwerb sozialer Kompetenzen – auch so ein neumodisches Schlagwort – und waren geprägt durch Themen wie soziales Lernen. Unter sozialer Kompetenz verstehe ich die Fähigkeiten souverän, einfühlsam, fair und konstruktiv miteinander umzugehen. Der Erwerb fördert Teamfähigkeit und auch die Fähigkeit zur Empathie, wobei gemeinsames Handeln die sozialen Kompetenzen fördert.

Dabei fiel es vielen Schülern äußerst schwer, sich zu artikulieren oder über Gefühle zu sprechen. Geschickt wurden von der Lehrkraft Kooperationsspiele eingeflochten, welche der Soziabilität und dem sozialen Lernen dienten Dies wurde in den unteren Klassen noch recht freudig aufgenommen.

Leider war es oft unmöglich, die für die Bildung der Klassengemeinschaft notwendigen Interaktionsspiele in die erste Stunde zu legen, da viele Schülerinnen und Schüler erst später zur Schule kommen mit der Begründung – falls sie überhaupt etwas sagten: *Ich habe verschlafen; meine Mutter hat ich nicht geweckt; musste noch zum Arzt; habe meine kleine Schwester zur Kita gebracht; hatte keine Lust, aufzustehen; warum fängt die Schule so früh an?* usw.

Schließlich verfehlten derartige soziale Spiele in den oberen Klassen ihre Ziele; sie forderten die Schüler nicht zum Mitmachen auf, sondern sie blockierten ihre Mitarbeit durch pausenloses Gequatsche, Diskutieren und lustloses Verhalten.
Während die Mädchen bei jedem Impuls kichernd Abstand nahmen von meinen Vorschlägen, so äußerten sich die Jungen wesentlich brutaler: *Ich fass keinen Jungen an, bin doch nicht schwul. Verpiss dich, mit dir rede ich nicht.*

Ein immer wiederkehrendes Problem hatten unsere Schülerinnen und Schüler mit dem Einhalten von Regeln: das fing bei den einfachsten Klassenregeln an wie z.B. sich zu melden und reicht hin bis zu den Schulregeln wie Pünktlichkeit und endet bei der Kollision mit den Gesetzen, dass ihr Verhalten wie z.B. Diebstahl strafbar war.

Die Schülerschaft zeigte einen für meine Begriffe merkwürdigen Alltag: Sie aßen wann sie wollen, sie gingen ins Bett, wann sie wollten und sie gingen zur Schule, wann und wenn sie wollten. Sie lebten nach dem Lustprinzip und Verantwortungsgefühl für sich oder die Gemeinschaft.
In allen Klassen wurde daher auch über das friedliche Zusammenleben Gedanken gemacht, um schließlich gemeinsam Klassenregeln zu verfassen, welche bei mir selbstverständlich auswendig gelernt werden mussten. Diese hingen sichtbar für jeden im Klassenraum; später kamen noch die Schulregeln dazu.

Um auch die Schüler der oberen Jahrgänge noch zu erreichen, veranstaltete die Schule ein Fest in der Aula, zu welchem eine Rapper Gruppe auftrat. Sie sollten durch ihre Einlagen dazu beitragen, wie wichtig es für alle Menschen sei, Regeln anzuerkennen und auch einzuhalten. Diese Schulregeln wurden von Schülern vorgetragen und später in den Fluren aufgehängt. Wir Lehrer hofften damit, dass die Schüler sich die Regeln besser einprägen konnten, wenn sie ständig an den Plakaten vorbei liefen. Es klappte auch recht gut, zumindest für eine Weile.

Einen nachhaltigen Fortschritt im freundlichen Umgang miteinander habe ich in den Jahren kaum erkennen können: Die Jungen fanden sich in ihren Banden oder Gangs gut aufgehoben, die Mädchen übten sich im Zickenkrieg. Wobei ich nicht sagen kann, was für den Lehrenden schlimmer ist. Zumindest ein täglicher Kampf im Klassenzimmer und während den Pausen.

*Immer wieder musste das Problem Regeln anzuerkennen im Unterricht thematisiert werden.*

Auf meine Fragen hin, welche Regeln zu Hause einzuhalten seien, bekam ich zunächst ein verwundertes Kopfschütteln: *Wir essen nie gemeinsam, jeder wie er nach Hause kommt. Außer am Ramadan, dann sitzen wir jeden Abend beim Fastenbrechen zusammen und feiern ihn groß. Genauso das Zuckerfest.* (Selbstverständlich haben dann die Moslems schulfrei). Erholung für uns Lehrkräfte oder ein Studientag wurde angesetzt, wenn voraussichtlich kein Schüler zur Schule kam. Die wenigen nicht-Muslimen sind ja nicht blöde und schwänzen an so einem Tag eben die Schule.

Oftmals wurden die Kinder als kleine Erwachsene gesehen. *Und wer hilft im Haushalt? Die Mädchen, das machen sie doch gerne. Sie müssen auch uns Jungs die Schuhe putzen. Beim Einkaufen helfe ich immer, weil meine Mutter nicht (Deutsch) lesen kann. Zum Arzt muss ich auch immer meine Mutter begleiten, dann kann ich nicht in die Schule kommen. Manchmal bin ich allein mit meinen kleinen Geschwistern zu Hause. Dann kann ich auch nicht in die Schule kommen. Ich muss jeden Tag meine kleine Schwester in die Kita bringen, da meine Mutter noch schlafen möchte. Wenn ich meiner Oma*

*helfe, bekomme ich immer Geld dafür. Mein Zimmer muss ich nicht aufräumen, das macht meine Mutter. Ich darf so lange Fernsehen wie ich will. Das interessiert zu Hause niemanden. Der Fernseher läuft den ganzen Tag, morgens gucken die Kleinen und manchmal schwänze ich auch, damit ich fernsehen kann. Dann sage ich meiner Lehrerin, dass ich Bauchschmerzen hatte.*
*Euer Vater, und was macht der Vater? Weiß nicht.* Ich auch nicht.

Regeln einhalten und achten, ein schier unmögliches Unterfangen, welches in den nächsten Jahren meinen Schulalltag maßgeblich prägen sollte. Stunde für Stunde, Tag für Tag, jahrein, jahraus: nichts sollte sich ändern; all meine Bemühungen waren umsonst. Nicht die Erwachsenen, sondern die Kinder stellten ihre Regeln auf. Auch das habe ich erst viel später frustriert wahr genommen.
Kaum nachzuvollziehen, da die Eltern für die strikte Einhaltung religiöser Riten bis nach Mekka pilgern. Aber mit ihren eigenen Kindern wurden offensichtlich keine oder zu wenig Grenzen bzw. Regelungen eingeübt.

Ich bin der Auffassung, dass die Kinder zuallererst Werte, Regeln und Folgen bei Missachtung aus dem Elternhaus mitbringen sollten; Regeln sind für Heranwachsende wie ein Korsett, das sie schützt und ihnen Sicherheit und Orientierung gibt. Als ich auf einem Elternabend mal gefragt wurde, was können wir für unsere Kinder tun, habe ich geantwortet: Setzen Sie Grenzen und hören Sie ihnen zu! Und schenken Sie ihnen Zeit!

Aber das war noch in Bonn auf den Grundschulen; in Berlin habe ich kaum Eltern auf Elternabenden gesehen. Mehr dazu im Kapitel über *Werte Familie.*

## Grenzerfahrungen

Nicht von ungefähr sprossen Trainingslager für Intensivtäter aus dem Boden mit dem einzigen Ziel: Jugendliche müssen lernen, Regeln einzuhalten. Hier erfahren sie – erstmals?- etwas über die

Wichtigkeit von Werten in unserer Gesellschaft, die es einzuhalten lohnte. Werte wie Ehrlichkeit, Empathie und Hilfsbereitschaft oder auch Disziplin, Fleiß, Ordnung, Rücksichtnahme, Toleranz und Respekt erleichterten das Leben miteinander. Sie wurden aber auch ermahnt, dass es nicht richtig ist, jemanden, der schon am Boden liegt, weiter mit den Füßen zu traktieren.

Oft erhielten gewaltintensive Jugendliche erst im Erziehungscamp das Gefühl einer eigenen Wertschätzung und Akzeptanz; sie waren dort niemandem egal. Sie lernten dort aber auch, sich den vorgegebenen Strukturen anzupassen, zu arbeiten und sich verbal zu streiten anstatt zu prügeln. So aus den Berichten eines meiner Schüler, der solch eine Erziehungseinrichtung in der Nähe von Berlin besucht hat.

Gerne testen alle Kinder ihre Grenzen aus, bereits schon im Kleinkindalter. Das ist auch wichtig für ihre Persönlichkeitsentwicklung. Nur müssen sie gleichzeitig auch ihre Grenzen genannt bekommen mit den damit verbundenen Sanktionen.

Aus Erzählungen meiner Schülerschaft hörte ich immer wieder heraus, dass sie zu Hause mehr Freiheiten haben als sie ertragen konnten. Das war ihnen vielleicht nicht bewusst. Aber diese Kinder scheiterten schnell, wenn ihnen z.B. Schulregeln aufgestellt werden, deren Sinn sie nicht begreifen konnten. Wieso müssen wir uns aufstellen? Wieso entscheiden die Lehrer über den Unterrichtsstoff? *Wieso muss ich mein Käppi abnehmen und darf kein Kaugummi kauen? Wieso haben wir an der Schule ein Handyverbot, ich muss doch jederzeit für meine Familie erreichbar sein! Usw.*

Fäkalsprache, Beschimpfungen und Gewalt müssten unmittelbar sanktioniert werden. Es wäre auch schöne, den Kindern beizubringen, aufzustehen, wenn der Lehrer die Klasse betritt. Das wäre ein klares Signal für alle: Der Lehrer ist da, der Unterricht beginnt.

# Schule schwänzen – na, und?

Der Unterricht fand unmittelbar vor und nach den Sommerferien - manchmal fehlte ein Schüler bis zu sechs Wochen!- stets mit weniger Schülern statt, da manche zu „wichtigen familiären" Terminen noch in ihrem Heimatland verweilen mussten, weil vielleicht jemand gestorben war oder geheiratet hatte. Überprüfen ließ sich das nie. Zurück kamen manche dann mit in arabischer Schrift geschriebenen Krankmeldungen. Es war müßig, nach den wahren Gründen zu forschen oder sie über eine Schulversäumnisanzeige zur Zahlung von Bußgeldern zu erreichen.

Zur Aufheiterung folgen:
Ausführungsvorschriften über Beurlaubung und Befreiung vom Unterricht (AV Schulpflicht, Senat für Bildung Jugend und Wissenschaft II C 1.2

*Unter Hinweis auf die Ausführungsvorschriften über Beurlaubung und Befreiung vom Unterricht (AV Schulpflicht) Nr. 7 Abs. 6 wird eine Schulversäumnisanzeige dem zuständigen Schulamt durch die Schule übersandt, wenn eine Schülerin oder ein Schüler an mehr als zehn aufeinanderfolgenden Schultagen unentschuldigt dem Unterricht fernbleibt. Auf der Grundlage der Schulversäumnisanzeige kann nach einer vorangestellten Anhörung der Eltern resp. Erziehungsberechtigten ein Bußgeldverfahren eingeleitet werden (Fallentscheidungen).*

*(6) Wird ein Schulversäumnis nicht innerhalb der in Absatz 1 genannten Fristen mitgeteilt und wird auch nachträglich keine Erklärung nach Absatz 2 oder ein Attest nach Absatz 4 vorgelegt, so gilt das Fehlen als unentschuldigt. Bleibt eine Schülerin oder ein Schüler unentschuldigt dem Unterricht fern, so hat die Schule bereits am ersten Fehltag mit den Erziehungsberechtigten Kontakt aufzunehmen. Bleibt eine Schülerin oder ein Schüler an mehr als zehn aufeinanderfolgenden Schultagen unentschuldigt dem Unterricht fern, so soll darüber hinaus Kontakt mit dem bezirklichen Jugendamt und der Schulaufsicht aufgenommen werden.*

*Ferner kann der sozialpädagogische Dienst, das schulpsychologische Beratungszentrum oder die Clearingstelle verständigt werden. Im Fall des Satzes 3 ist dem zuständigen Schulamt eine Schulversäumnisanzeige zu übersenden.*

Ein klassisches Beispiel für die Diskrepanz zwischen Theorie und Praxis. Sanktionen gegen Schulschwänzer - wie sie immer wieder in Zeitungen zu lesen- sind, führten an meiner Schule meistens ins Leere: Wer sollte sanktioniert werden? Die Schüler? Die freuten sich über Unterrichtsbefreiungen. Die Eltern? Die hatten ggfls. kein Geld. Sollte wirklich die Polizei mit einem Mitarbeiter des bezirklichen Schulamtes die Schwänzer von zu Hause abholen und zur Schule fahren?? Auch halfen uns Lehrkräften das Ausfüllen von Schulversäumnisanzeigen nicht wirklich; entweder stagnierte der Vorgang beim Jugendamt oder an anderen Stellen, die sich mir nicht erschlossen haben. Mein Bezirk Mitte stand mit 484 Schulversäumnisanzeigen an zweiter Stelle nach Neukölln. Das entsprach im Schuljahr 2011/2012 einer Zunahme von 40% gegenüber dem Schuljahr 2009/2010. (ebenda)

Ob die Schwänzer ernsthaft an Schulphobie litten, möchte ich bei unserer Schülerschaft verneinen. Im Zweifelsfall hatten sie *Besseres* zu tun. Schule schwänzen oder zu spät kommen war also nichts Besonderes bei uns. Dem folgten Telefonate, wenn die der Schule bekannte Telefonnummer stimmte und jemand da war, der Deutsch sprach, war es gut. Falls es nicht zur telefonischen Verbindung kam, folgten Elternbriefe. Manchmal meldeten sich Familienmitglieder in gebrochenem Deutsch. Ich konnte dem nicht entnehmen, ob das die kleine Schwester oder eine Oma war. Eine Frau sagte mir einmal, es gäbe keinen Ahmed bei ihnen. Half auch das nicht, lud ich zu einem Gespräch in die Schule ein. Das erwies sich auch als schwierig: entweder war der Brief wegen Unzustellbarkeit zurückgekommen oder die Eltern ließen Termine einfach platzen, ohne vorher Bescheid zu geben. Keine Ahnung.

Ich habe noch nie erlebt, dass eines meiner Schüler Bußgeld bezahlen musste, da die betreffenden Familien von Sozialleistungen des Staates lebten und daher nicht zahlen (mussten).

Der Vorschlag von dem Berliner Bürgermeister aus Neukölln, Herrn Heinz Buschkoswsky, den Eltern Transferleistungen oder das Kindergeld zu kürzen, wäre für die Eltern ein gravierender Schritt in die richtige Richtung. Wörtlich: „Kommt das Kind nicht in die Schule, kommt das Kindergeld nicht auf das Konto." Tolle Idee!

Ebenso sollten Sanktionen greifen, wenn Eltern ihre Schulkinder der Schule bewusst fern halten, um ihre nicht deutsch sprechenden Familienmitglieder zum Arzt oder zum Amt zu begleiten. Überprüfung zwecklos. Oft lag es an mangelnder Bereitschaft der Eltern, sich zu integrieren. Insbesondere meine Kinder aus den kinderreichen Roma- und Sinti-Familien hatten aufgrund bildungsferner Einstellungen wenig Motivation zur Schule zu gehen. In ihrem Kulturkreis wurde – allerdings höchst selten- zu Hause von einem Privatlehrer Unterricht erteilt. Da dieses Volk in großen Teilen noch heute ein wanderndes Volk ist, wird diese Tradition bis heute erhalten und gepflegt. Es war den Eltern kaum zu vermitteln, dass ihre Kinder in Deutschland der Schulpflicht unterstehen mit allen Regelungen wie Pünktlichkeit, Anschaffen von Arbeitsmaterialien und der Teilnahme an allen Unterrichtsfächern. In ihren Herkunftsländern endete nicht selten der Schulbesuch mit 10 Jahren.

Die Kinder sahen, dass ihre Eltern – oft Analphabeten – mit Transferleistungen des deutschen Staates oder mit Betteln durchs Leben kamen. Die Mädchen sollten möglichst mit 14 Jahren schon eine eigene Familie gründen, um durch den Kinderreichtum die jeweilige Stammeszugehörigkeit zu vermehren. Dafür mussten sie weder lesen noch schreiben können.

Verließen Familien Berlin oder den Schulbezirk, wurde selten das Kind in der Schule ab- oder umgemeldet. So konnte es passieren, dass monatelang nichts geschah, bevor schließlich nach Einschalten des Jugendamtes oder von der Ausländerbehörde der Schule mitgeteilt wird, dass die Familie wieder ausgewiesen worden war.

Eine bosnische Schülerin war oft krank, eine weitere schwänzte häufig, bei den Jungen hatte ich einen Dauerschwänzer. Dieser bekam zeitweise verkürzten Unterricht, da er sehr aggressiv war und später sogar Einzelunterricht von einer Lehrkraft erhielt. Immer wieder habe ich erlebt, dass besonders gewaltbereite Jungen dem Unterricht nicht sechs oder mehr Stunden folgen können und sie deshalb verkürzten Unterricht erhielten oder Einzelbetreuung durch einen Sonderpädagogen außerhalb des Klassenverbandes.

Eine Entschuldigung kritzelten die Kinder oft selbst auf einen Fetzen Papier, da die meisten Eltern nicht schreiben können. Manche Kids bringen gleich eine ärztliche Entschuldigung mit. Manchmal steht ein falscher Name drauf, manchmal ein falscher Zeitraum der Krankmeldung. Nachdem ich dies unserem Amtsarzt vorgetragen hatte, verfügte er in einem Rundschreiben an die Schulen, dass die Schulen Atteste von namentlich genannten Arztpraxen nicht akzeptieren dürfen wegen des Verdachts des Betrugs bzw. Gefälligkeitsattesten. Auffallend war die Häufigkeit der Kopf- und Bauchschmerzen sowohl bei den Mädchen als auch bei den Jungs. Aber zum Arzt oder unserem Schularzt möchten sie deswegen nicht.

Ich bin fest davon überzeugt, dass es sich in den meisten Fällen um psychosomatische Erkrankungen handelt, was mir der Amtsarzt auch bestätigte. Die Ursachen hierfür sind vielschichtig, aber immer hat es etwas bei den Kindern mit ihrem sozial- familiären Umfeld zu tun, mit ihrer Ursprungsfamilie.

## Alles nur Spaß !

Dieser Satz „Viel Spaß in der Schule" ließ meine NACKENHAARE zu Berge stehen. Schule bereitete nicht nur Lust, sondern Lernen ist auch anstrengend und erfordert auch jede Menge Leistungsbereitschaft und Disziplin.
Wie oft habe ich das schon gehört:
Nein, es war doch nur Spaß, den kleinen Hassan aus der 4. Klasse kopfüber in die Mülltonne zu stecken, Es war ja nur Spaß,

Mikes neue Jacke zu bespucken oder sollte ich besser sagen zu berotzen? *Das ganze Treppenhaus war doch regelmäßig voll gerotzt und uriniert*, meinte ein ertappter Schüler, und ich war es nicht! Natürlich nicht. Sauber machen? Fehlanzeige. Der Verursacher war meistens nicht auszumachen, sollten es die Lehrkraft, die Schulleitung, der Hausmeister, der nie da war, richten? Wer war dran? Wir waren machtlos. Es schien so, dass einige Schüler die Macht übernommen haben.

Im Umgang mit Fremdeigentum hatte viele Jungen eine eigene Vorstellung: ich darf alles nehmen, was ich begehre; ich darf mich nur nicht erwischen lassen. Haben sie das als Kleinkinder vom Elternhaus mitbekommen?

Einige Kinder wurden früh zur „Erwerbstätigkeit" herangezogen. Sie bettelten, begingen kleine Diebstähle, aber die Jungen hatten auch früh gelernt, Konflikte durch Gewalt zu lösen. Sie müssen aber in unserer Gesellschaft lernen, Konflikte durch Worte zu beenden. Das fiel den meisten Jugendlichen schwer.

Diebstahl unter Klassenkameraden im Klassenzimmer zeigte mir, mit welcher Kaltblütigkeit Mohamed (4. Klasse) sich an fremdem Eigentum vergriff. Erst als er seiner Mutter auch das Handy weggenommen hatte, kam diese brüllend in die Klasse und entdeckte nicht nur das Handy wieder, sondern auch Zigaretten im Anorak des 12 Jährigen Sohnes. Ich schickte beide nach Hause. Sollte sie dort auf ihn erzieherisch einwirken. An diesem Tag wollte ich diesen Jungen nicht mehr sehen. Da er oft geklaut hatte (Anoraks, Monatskarten, Geld sowieso), holte ich Rat bei unserem Schulpsychologen. Dieser meinte nach einem Gespräch mit dem Schüler: *Da kann ich auch nichts mehr ausrichten, er, Mohamed, habe kleptomanische Züge*. Seine Eltern stammten aus Bosnien und waren Romas.

Auch Hefte und Bücher aus dem Fenster des 3. Stockes zu werfen machte ja nur Spaß. Egal, wenn auch eine Flasche mit runter fiel. Die Fußgänger wussten doch, an welcher Schule sie vorbei gingen und waren selber schuld, wenn sie es dennoch taten. Originalton meiner Schüler.

Es war doch lustig, den zuvor mit viel Mühe selbst gebastelten Globus – zwecks Anschauung – als Flugobjekt aus dem offenen Fenster gleiten zu lassen. Es war doch kein Drama, einer Kollegin 20cm ihrer langen Haarpracht abzuschneiden? Warum trug sie denn das Haar auch so einladend offen?

Sie sollte doch froh sein, dass die Kids keinen Kleber gebraucht haben. Vielleicht haben diese Jungen in ihrer Kindheit einiges verpasst??

Dass die Klotüren und Waschbecken regelmäßig aus den Ankern gerissen werden, erschütterte niemanden mehr. Wohin auch sonst mit der wachsenden Manneskraft? Gemein fand ich, dass aus den Umkleideräumen nicht nur Geld, sondern auch eine Monatskarte geklaut wurde. Das Mädchen war sehr verzweifelt, weil ihr Vater – wie alle anderen auch- wenig Geld hatte. So musste sie zu Fuß jeden Tag über 40 Minuten zur Schule gehen.

Auch wurde eine Bücherkarte geklaut, Bücher auf dem fremden Namen ausgeliehen und wahrscheinlich weiter verkauft. Jedenfalls bekam die Familie mit der fehlenden Karte und den fehlenden Büchern riesigen Ärger mit Geldeinforderungen. Da sie das nicht begleichen konnte, wurde dem Kind die Karte bis auf weiteres gesperrt.

Ist doch nur Spaß!

# Familienwerte - werte Familien

Wir leben zwar alle unter dem gleichen Himmel,
haben aber nicht alle den gleichen Horizont.

Im Artikel 6 (Ehe-Familie-Kinder) des Grundgesetzes für die Bundesrepublik Deutschland steht:
(2)
Pflege und Erziehung der Kinder sind das natürliche Recht der Eltern und die zuvörderst ihnen obliegende Pflicht.
Über ihre Betätigung wacht die staatliche Gemeinschaft.
    Das heißt:
Neben den Elternrechten (der Erziehungsberechtigten) gehören aber auch Elternpflichten. Notfalls muss der Staat gefährdete Kinder vor ihren Lebensbedingungen schützen.
Geschieht das nur unzureichend, so hat der Staat, das Jugendamt, die Pflicht im Interesse des Kindes einzugreifen und das Kind notfalls vor negativen Lebensbedingungen zu schützen. Dabei dürfen berufstätige Gründe oder auch materieller Wohlstand nicht dem Wohle des Kindes übergeordnet werden.
    Die Eltern müssen aber auch befähigt sein – oder werden – zu erziehen. Da leistet die staatliche Gemeinschaft noch zu wenig Hilfestellung, bzw. die staatliche Hilfe auf kommunaler Ebene wird leider gerade von Migrationsfamilien kaum angenommen.

In der Verbandszeitung für Lehrkräfte VBE Stadtverband Bonn stand bereits 2000:
*Die Eltern stehen in ihrer Verantwortung für ihre Kinder. Berufstätigkeit oder materielle Absicherung dürfen nicht mehr übergeordnetes Kriterium sein. Die*

*Eltern müssen aber auch befähigt sein – oder werden – zu erziehen. Da leistet die staatliche Gemeinschaft kaum Hilfestellung.* Zitat
Aber wie sah meine Wirklichkeit aus?

*Die deutsche Schule steckt in einer Krise: Eine immer gewalttätigere Umwelt, aufgeheizt durch rechtsextremistische Parolen und wachsenden Fremdenhass, hat die überkommenen Erziehungsmethode obsolet gemacht, der Zusammenbruch der Familie als Zelle intakter Wertvorstellungen strapaziert die Pädagogen als Ersatzmütter oder –-väter." (DER SPIEGEL 35/**1994**)* **Dieser Artikel ist fast 20 Jahre alt!**

Dazu kommt, dass in vielen Familien Erziehung kaum mehr stattfand, Zuwendungen waren oft im Einschalten des Fernsehers erschöpft und die Kinder unter emotionaler Verwahrlosung litten. Auch traditionelle Familienstrukturen, die sich auflösten, das alles strapazierte mich sehr, sah ich mich als Erzieher und Dompteur ihrer unerzogenen Kinder. Meine Schule wurde mit den neuen Aufgaben nicht mehr fertig. Wie sollten Lehrkräfte sich auf die gesellschaftlich veränderten Bedingungen einstellen, gab es doch kaum dafür Fortbildungen geschweige denn eine konstruktive Auseinandersetzung während des Studiums?

Oft konnte ich meinem eigentlichen Bildungsauftrag nur unzureichend nachkommen: Die meiste Zeit der Unterrichtsstunde beschränkte sich auf Erziehungsarbeit, der Rest war reine Stoffvermittlung, vorausgesetzt, die Schüler konnten etwas lesen.

Die meisten meiner Schülerinnen und Schüler kamen nicht erzogen in die Schule. Dieser Mangel an Erziehung schien sich aber durch alle Sozialschichten zu ziehen. Die meisten Eltern konnten oder wollten nicht erziehen. Dabei hilft Erziehung den Heranwachsenden auf dem Weg zur Selbständigkeit, sie gibt ihnen Orientierung, Sicherheit und diese wiederum stärkt ihr Selbstbewusstsein. Die Eltern verstanden auch nicht, dass dies ihre ureigene Aufgabe und nicht die der Schule war.

Wurden nicht viele Kinder ihrer Kindheit beraubt, da sie ständig auf die jüngeren Geschwister aufpassen mussten, Verantwortung übernahmen bis schließlich das Jugendamt - wenn es nicht die Schule tat, wer dann? - informiert wurde und auch tätig wurde? Eine extra vom Jobcenter für die Familie eingesetzte Familienhelferin (aus demselben Herkunftsland, bosnisch sprechend) kapitulierte ihre Tätigkeit, da diese von der Mutter nicht akzeptiert wurde. Die Mutter wünschte keine Einmischung in ihre Familienangelegenheiten. Zu einem Gespräch mit mir nahm die Mutter drei ihrer Kleinkinder mit. Ein ordentliches Gespräch war nicht möglich, da die Kleinen meinen Klassenraum und die sich in den Regalen befundenen Spiele unter großem Geschrei auseinander nahmen. Ich fragte mich insgeheim: Gibt es zu Hause denn keine Regeln? Völlig hilflos musste ihre Schwester, meine Schülerin, immer wieder einschreiten. Kurz entschlossen brach ich das Gespräch ab.

Meine Elternschaft und deren Familienclans hatten bei ihren Kindern zwar einen sehr hohen Stellenwert- ich denke, sie meinten Achtung vor ihrer Mutter und Respekt vor allen älteren männlichen Familienmitgliedern-, aber darauf angesprochen, dass ich auch eine Mutter bin und mit Achtung und Respekt behandelt werden möchte, erwiderten manche: Sie sind keine richtige Mutter, da Sie als Lehrerin arbeiten gehen müssen.

Als ich nach so einem Klassengespräch meine Betroffenheit zeigte, antwortete doch ein Schüler: *Na, dann heul doch!*
Das tat weh. So wenig Empathie hatte ich nicht erwartet.

Viele meiner Moslems wurden dahin erzogen, dass alles Deutsche schlecht ist. Als Schlampe bezeichneten die Jungen auch diejenigen Mädchen und Frauen, die nicht verheiratet warn und dennoch Sex hatten. Deshalb darf man sie auch *deutsche Schlampe* oder *Hure* nennen. Selbst das Wort *Christ* war schon ein Schimpfwort. Eine Schülerin, die mich sehr mochte, zweifelte an ihrer Sympathie mir gegenüber, als ich mich als Christin outete mit der Bemerkung: *Igitt, dann essen Sie ja Schweinefleisch!*

Wurden so nicht negative Vorurteile gegen Deutschland schon in ihrer Heimat geschürt, auch wenn die Familien später auf Kosten des deutschen Sozialstaates leben? Wo blieb ihre Verpflichtung dem deutschen Staat gegenüber, den sie für Transferleistungen angezapft hatten?

Der Kiez, in welchem meine Schule stand, zeichnete sich aus durch die Überfremdung durch bildungsferne Einwanderer der sozialen Unterschicht, hauptsächlich Türken, die aber nicht (mehr) meiner Schule zugewiesen wurden, Großfamilien aus dem arabischen Raum, kurdisch-libanesische Clans und dem ehemaligen Jugoslawien, überwiegend Bosnier und Sinti.

Dabei entsprach es oft ihrem Kulturkreis untereinander durch Eheschließungen verwandt zu sein. Meine Schüler waren stolz darauf, wenn sie von ihren Tanten und Cousinen sprachen, die in der Nähe wohnten. Bei Neuzugängen an meiner Schule gab es immer bereits Schüler, die mit ihnen verwandt waren. Ich bildete mir ein, Ähnlichkeiten in ihren Gesichtern zu finden.

Wenige unserer Familien betätigten sich im gastronomischen Bereich oder als Händler in Supermärkten und wünschten auch keine Kontakte zu deutschen Familien. Und nicht nur deshalb, weil es in ihrem Kiez keine mehr gibt.

## Elternmitarbeit? Gab´s nicht

Von meinen bildungsfernen Elternhäusern aus der sozialen Unterschicht, die unsere Schülerschaft prägten, konnte ich wenig Unterstützung erwarten, die meisten Eltern kamen nicht einmal zur Einschulung oder Elternabenden. Lud ich sie zur (vorgeschriebenen) Elterngesprächen ein, weil sie gemeinsam mit mir die Förderpläne für ihr Kind besprechen und unterschreiben mussten, taten sie das oft in Begleitung meiner Schüler, ihrer Geschwister sowie noch einer deutsch sprechenden Verwandten.

Eltern konnten leider selten zur Schule kommen, da sie arbeiten mussten?? Trotz Hartz IV? Verstehe ich nicht. Die meisten unserer Elternschaft hatte große Scheu unsere Schule zu betreten.

Deshalb hatten einige Kolleginnen mit viel Mühe und Opferung ihrer Freizeit ein Elterncafe in der Schule organisiert. Aber es kamen von den damals 200 Schülern nur zwei bis drei Mütter mit ihren Kindern. Elternabende sahen meistens genauso trostlos aus. Es wäre eine gute Idee, Zeugnisse nur an die Eltern weiterzugeben, um dann gleichzeitig mit ihnen über ihr Kind reden zu können.

Auch dem von einigen Lehrkräften gegründeten Förderverein wurde ausschließlich mit Beiträgen engagierter Lehrkräfte am Leben erhalten. Eltern traten dem Verein nicht bei.

Wurde das Jugendamt eingeschaltet, weil zum Beispiel das Kind permanent schwänzt oder verwahrlost aussieht, wird eventuell nach Wochen ein Termin zur Helferkonferenz einberufen. Es vergingen wieder Wochen, bis ein Familienhelfer einer Familie zugewiesen wurde und mit ihr Kontakt aufgenommen werden konnte.

Dabei wiesen gerade ihre Kinder den Erwachsenen gegenüber eine unerträgliche Respektlosigkeit auf. Auf dem Schulflur rief mir doch so ein Bengel zu: *Na, alles fit im Schritt?* Das sollte er sich mal in seinem Herkunftsland erlauben. Was tat ich? Nichts. Anzeige wegen Beleidigung? Fehlanzeige. Solche Anzeigen verliefen immer nur im Sande. Ich hätte täglich mehrere Anzeigen wegen Beleidigung stellen können. Also ging ich in diesem Fall resignierend weiter und sagte nur lapidar: *Wie redest du eigentlich mit mir?* Er ging mir den „Stinkefinger" zeigend weiter, als wäre nichts geschehen.

Die meisten meiner Familien hatten zwei Heimatländer: das Land, in dem sie leben und evtl. Geld verdienen und das Land ihrer Vorfahren, das sie sich virtuell über die Satellitenschüssel ins Wohnzimmer natürlich auf einem „Großleinwandbildschirm" direkt ins bequeme Wohnzimmer holen konnten nach dem Motto: *Lasst mich bloß in Ruhe!*

Tja, an dieser Schule brauchte man ein dickes Fell, was aber auch nicht jedem gewachsen ist.

# Andere Länder - andere Sitten

Ein deutsches Sprichwort? Zumindest bin ich so erzogen worden, dass ich mich als Ausländerin in anderen Ländern deren Sitten und Gebräuche anzupassen habe, bin ich doch nur Gast in ihrem Lande und repräsentiere mit meiner Person und meinem Handeln Deutschland.

Andere Länder – andere Sitten: so sagte man früher, als die Deutschen sich aufmachten, andere Länder kennen zu lernen. Rasch haben die Touristen – teils schmerzlich erfahren, dass es in anderen Ländern andere Gesetzte gibt, an die sich - auch die Touristen - gefälligst zu halten haben: z. B. Baden „oben ohne" ist ja heute noch in manchen südlichen Ländern einfach unmöglich und wird unter Strafe gestellt. Wir Touristen hielten uns selbstverständlich daran. Zumindest früher, heute ist das auf Mallorca sicher auch nicht mehr so streng.

Aber wie sieht es umgekehrt in Deutschland aus? Allein den richtigen Begriff für diese Menschen zu finden, mündet ständig in eine Eiere: Migranten oder Deutsche mit Migrationshintergrund, Menschen nicht deutscher Herkunft oder Deutsche mit ausländischen Wurzeln oder einfach nur Ausländer - was nicht mehr stimmt, da sie einen deutschen Pass hatten - ?

Also, was waren diese Menschen? Für mich als Lehrerin waren es zuallererst meine Schülerinnen und Schüler, die meiner Hilfe durften.

Als Lehrerin musste ich mich allerdings daran gewöhnen, dass mir muslimische Männer beim Gespräch meistens nicht in die Augen schauten und auch nicht meine Hand zur Begrüßung annahmen. Die Gründe dafür kannte ich noch nicht.

Kinder brauchen in ihrer Entwicklung Regeln, Grenzen, Rituale und Strukturen, welche bestenfalls in der Familie erlernt worden sind, damit die Schule darauf aufbauen kann. Rituale geben durch ihre zuverlässige Wiederkehr den Kindern Sicherheit. Leider schienen die mir bekannten Familie aus meinen Klassen an dieser Basisarbeit für Erziehung nicht interessiert zu sein oder hatten andere Vorstellungen von Kultur und Bildung, waren sie selber doch überwiegend Analphabeten. Den Kindern wurde abends nicht vorgelesen, und wenn doch, dann von älteren Geschwistern, die bereits lesen konnten.

Doch was wissen wir eigentlich von den „Zigeunern" – heute heißen sie Sinti- und Roma? Als Kind habe ich mich gerne als Zigeunerin verkleidet, ich liebte die langen Röcke, die bunten Kopftücher, die goldenen Armreifen und Ohrringe; Zigeuner hatten für mich etwas geheimnisvolles, Schönes, den Geruch fremdländischer Kultur. Ich fand die Lieder über ihre Lebensweise lustig, wenn es im Lied hieß: *Nehmt die Wäsche von der Leine, Zigeuner sind im Land!* Die Schlagersängerin Alexandra besang ebenfalls das Zigeunerleben: „*Zigeunerjunge*", „*Lustig ist das Zigeunerleben*" u.v.m. oder auch das *Zigeunerschnitzel*. Heißt es heute Sinti-Roma Schnitzel??

Was war daran diskriminierend? Kinder gehen viel entspannter mit anderen Ethnien um. Nur wenn sie selbst bestohlen wurden, war natürlich die Sympathie weg.

Wo blieb die Bereicherung, die diese Familien mitbrachten? Wo blieb ihre fremdländische Musik, ihre Esskultur, ihre phantasievollen Tänze auf den großen Festen? An wem lag es, dass die Integration nicht gelingen wollte? Waren wir nicht in der Lage, uns bereichern zu lassen, weil es fremdländisch in unserer Heimat war?

Meine Schülerinnen und Schüler erzählten gerne von ihren Brauchtümern, ihren Festen und Trachten, ich musste sie nur dazu animieren. Aber Märchen aus dem Arabischen wie *1001 Nacht* kannten sie nicht, auch keine deutschen Märchen.

Waren denn diese Eltern arm? Arm im Sinne von Finanzmitteln? Auch das wusste ich nicht. Mir war jedenfalls nicht bekannt, dass Familien in die Berliner Suppenküchen gingen. Sie blieben als Großfamilie lieber unter sich. Die Kinder erzählten von riesigen Bildschirmen in ihren Wohnzimmern, damit sie ihre Heimatsender sehen können. Bei fünf Hausbesuchen, die ich gemacht habe, hatte sich dies bestätigt; der Fernseher lief auch noch während unserer Unterhaltung, er konnte nicht ausgemacht werden, da sonst die kleineren Geschwister Terror gemacht hätten. Meine Hausbesuche haben sich nach diesen Erfahrungen dann auch erledigt.

Sicher waren diese Eltern arm an Bildung. Ihr Reichtum lag auf einer kulturell und historisch anderen Ebene, die an meiner Schule nicht gefördert wurde. Eigentlich schade.

Wer aber versagte ihnen das Recht, ihren Reichtum an ihrem Herkunftswissen zu verbreiten? Diese Bereicherung wurde in meiner Schule kaum zugelassen, geschweige denn gefördert. Mit deutscher Arroganz sagten oder dachten wir Lehrer: *Du musst dich den deutschen Gesetzen und auch den Schulregeln unterordnen. Du bist in Deutschland, wir haben dich nicht gebeten, nach Deutschland zu kommen.*

Warum wurden in den Schulen nicht ihre sozialen Kompetenzen bezüglich ihres Familiensinns gewürdigt?
Gerne gingen wir zum „Ausländer" essen; aber wurde diese Esskultur bei uns in der Schule genug gewürdigt? Warum fanden sich unsere Schüler in unseren Klassenräumen oft nicht heimisch? Warum schauten wir auf sie „runter", wenn sie fasteten und in der Zeit oft streng rochen? Warum erschreckten uns Kopftuch tragende Mädchen, nur weil es befremdlich war? Oder war es die Angst vor dem Fremden, das sich Islam nennt? Ich erwischte mich oft bei diesen Gedanken.

Warum gab es so gut wie keinen Musikunterricht an meiner Schule? Warum spielten sie uns nicht auf ihren traditionellen Musikinstrumenten vor? Lieder, die sehnsuchtsvoll klangen, deren Namen die Kinder nur in Arabisch kannten, und warum ließen wir ihre heimatlichen Tänze als echte Bereicherung nicht zu? Auch hier erwischte ich mich selber bei diesen Fragen und bot meinen Schülerinnen aus der vierten Klasse an, mit ihnen einen Tanz ihrer Wahl einzustudieren.

Meine Mädchen wählten nach dem Vorbild der indischen Fernsehserie *Bollywood* eine selbst kreierte Sequenz ein und übten der fleißig an der Choreografie, allein in der Aula; ich kam gelegentlich gucken und ermunterte sie zum Weitermachen. Zwischenzeitlich musste ich meine Schüler im Klassenraum beschäftigen. Ich fand ihre Darbietung aufführungswert. Leider waren die Mädchen aber nicht mehr bereit, ihren Tanz einem Publikum oder wenigstens ihrer Klassenstufe vorzuführen. Schade, dass ich ihnen nicht mehr Wertgefühl vermitteln konnte.

War es ihre Scham oder mangelndes Selbstbewusstsein? Auch meine Jungen waren nicht zu motivieren Tänze aus ihrer Heimat vorzuführen, obwohl sie auf ihren Festen wie Hochzeiten eigene traditionelle Tänze kannten.

Ich wusste nicht, was ich noch tun konnte und habe ihre Absage sehr bedauert. Ein selbst gedrehtes Video ist mir geblieben.

Yasar, ein muslimischer Schüler der Nachbarklasse, suchte immer wieder das Gespräch mit mir. Er war sehr interessiert an religiösen Fragen und erklärte mir freudig, ob ich wisse, dass die Christen und Muslime eine gemeinsame Vergangenheit – Teile aus dem Alten Testament – haben. Er hätte viel mehr von der Koran-Schule erzählt, die er gerne besuchte. Aber wann, auf dem Flur, in der Pause? Warum hatte ich – wir – keine Zeit zum Zuhören?

Hier, im sozialen Brennpunkt, prallten Welten unterschiedlicher Schichten, Kulturen mit ihren Traditionen und Religionen aufeinander. Unsere Schülerinnen und Schüler hätten uns Lehrkräften so viel über die kulturelle Vielfalt ihrer Heimatkultur erzählen können, aber wir hörten ihnen nicht genügend zu.

Wir hätten sie begleiten und unterstützen müssen.

## Sexualerziehung - ein besonderes Angebot?

*Der Mann ist in der patriarchalen Struktur, die im religiösen Familienrecht festgeschrieben ist, als Oberhaupt der Familie eingesetzt. Die Ehefrau schuldet ihm Gehorsam im Haus und in der Öffentlichkeit, in Bezug auf ihre Kleidung und in den sexuellen Beziehungen. ...*
*... Die Mädchen können auf dem Schulhof ungehemmt mit Jungen sich unterhalten, sie diskutieren mit Lehrern-. Zu Hause hören sie dann, das seien alles Ungläubige, schlechte Menschen. In der Schule gab es Toleranz, zu Hause nur Ablehnung und Verachtung für das Land, in dem wir zu Gast sein dürfen. Wenn man hier nicht aufpasst, wird Deutschland von Menschen überrannt, die unsere Gesetze ausnutzen, sich aber selbst nicht nach ihnen richten.* ( aus *Spiegel Special 1998*, S.58 Reportage von Cherifa Madgi)

Es ist ein schwieriges Unterfangen, fremde Kulturkreise den europäischen anzupassen oder zu tolerieren, wenn sie den deutschen Gesetzen widersprechen. Kulturen, die schon Jahrhunderte aufrechterhalten werden und für die Menschen in ihrem Herkunftsland wegweisend waren bzw. noch sind.
Aufklärung wurde nicht- wie im europäischen Sinne - als Gleichberechtigung von Mann und Frau verstanden.

Im Rahmen des Biologieunterrichts wird an deutschen Schulen selbstverständlich der Bereich der Sexualerziehung den Schülerinnen und Schülern angeboten. Ich schreibe bewusst angeboten, da die Eltern darüber entscheiden dürfen, ob ihre muslimischen Kinder an diesem Unterricht teilnehmen dürfen. Gerade in arabischen Ländern haben die Menschen aber einen anderen Zugang zur Sexualität als in den europäischen Ländern.

Ein muslimischer Schüler, 8. Klasse, wollte sich nicht auf einen Stuhl setzen, auf dem zuvor ein Mädchen gesessen hatte, weil sie ein deutsches Mädchen war. Denn für ihn haben alle Mädchen dem Mann untertan zu sein wie in seiner Religion, so glaubte er es. Einfach unglaublich. Was sollte ich ad hoc tun? Ich wusste es nicht. Ich verwies den Schüler erst mal in die *Schülerinsel* mit dem Auftrag, über sein Verhalten schriftlich nachzudenken. Na, das Ergebnis war sehr kärglich. Mal davon abgesehen, dass er kaum ein Wort richtig schrieb, las ich nur mühsam: *alle deutschen Mädchen sind Huren.* Nun folgte schon wieder ein Gespräch, dieses Mal mit seinen Eltern, welche aber kein Interesse zeigten, wegen so einer „Lappalie" in die Schule zu kommen. Also passierte mal wieder nichts, ich fühlte mich machtlos ob derartiger Ignoranz.

Die Darstellung nackter Frauen und Männer in unseren Biologie- und Aufklärungsbüchern der staatlichen Schulen könnte die muslimischen Kinder in einen „ernsthaften Gewissenskonflikt" bringen, weil ihr Glaube die Darstellung unbekleideter Menschen verbietet. Zu einer Teilnahme am Sexualkundeunterricht urteilte das Berliner Verwaltungsgericht im Jahre 1997, dürfen diese Kinder daher nicht gezwungen werden. Dass meine älteren Schüler schon über das Internet massiven Zugang zu pornografischen Seiten geknackt hatten, wussten die Eltern wohl nicht.

Wie lässt sich also die Erziehung zur sexuellen Aufklärung an Schulklassen erreichen, die von Christen und Muslimen gemeinsam besucht werden? Auf den zuvor stattgefundenen Elternabenden sind die Lehrkräfte verpflichtet worden, entsprechend geplante Arbeitsmaterialien (Bücher, Anschauungsbilder) den Eltern vorzustellen. Leider folgte kein Erziehungsberechtigter der Einladung. Was kam, sind regelmäßige Anrufe und Beschwerden über den so genannten Sex-Unterricht bis hin zu Vorstellungen der Eltern, in der Schule würde Pornographie gezeigt. Auch dass oftmals eine Ärztin getrennt geschlechtliche Gesprächsgruppen anbot, minderte den Vorwurf der Eltern nicht. Waren sie selber oft unwissend und hatten Angst davor, dass ihre Kinder insbesondere die Töchter „zu viel" über Sex erfahren würden; sollten sie doch als unerfahrene und unberührte Frauen in die Ehe gehen, so wie es ihr Gesetz, die Scharia, vorschrieb.

Die Kinder unserer Schule wussten nicht, dass der Islam mehr als eine Religion ist. Sie ahnten nicht, dass er Ideologie, Moral und

Recht ist, eine Richtschnur für das politische und soziale Leben. Sie ahnten vielleicht, dass der Islam auch missbraucht wurde, um kulturelle Zwänge zu rechtfertigen. Sie wussten eventuell, dass im Namen des Islam vergewaltigt und getötet wurde. Aber sie hielten diese „Werte" für sich richtig.

Besonders die männlichen Schüler aus arabischen Elternhäusern wurden als kleine Prinzen angesehen und dementsprechend behandelt: sie brauchten nicht im Haushalt mitzuhelfen, sie ahmten ihren Vätern oder Onkeln nach, sie ließen sich von ihren Müttern und Schwestern bedienen.

Ältere Jungen verstanden sich als „Aufpasser" ihrer jüngeren Schwestern, die sie beschützen mussten vor den Kontakten mit nicht muslimischen Jungen. Sie sollten in ihren eigenen Kreisen bleiben und keine Schande über ihre Familie bringen.

Sie wurden zur Wahrung der Familienehre heran gezogen. Sie zu verteidigen war allerhöchstes Gebot.

Die Jungen glaubten für die Ehre ihrer Familie sorgen zu müssen. Wobei sie nicht genau wussten, was unter Ehre zu verstehen war. Sie setzten Ehre mit Familie gleich, deren Unversehrtheit unbedingt wiederhergestellt werden musste, wenn z.B. die Tochter die Familie „entehrt" hatte durch Umgang mit deutschen Jungen oder Sex vor der Ehe. Die Jungen erzählten, dass *ihre Clans* die Ehre eigenständig wieder herrichten würden und wenn sie zum so genannten „Ehrenmord" schreiten müssten. Hauptsache, die Ehre ist wieder hergestellt. Dass sie sich nach deutschem Recht strafbar machen, bekümmerte sie nicht.

Selbst in meinen Unterrichtsstunden bestätigten erschreckenderweise fast alle Jungen, dass die in Berlin verübten Ehrenmorde gerechtfertigt seien und sie dasselbe auch tun müssten und es auch tun würden. Wie sonst ist es zu begreifen, dass die Jungen wie vom Blitz getroffen während des Unterrichts über die Schulbank auf einen anderen Jungen zusprangen, ihn würgten, weil er provokativ gerufen hatte: *Ich ficke deine Schwester, ich ficke deine Mutter!*

Da dies ständig wieder vorkam und den Unterrichtsablauf massiv beeinträchtigte, nahm ich den Rat des Gefängnisdirektor von der Jugendhaftanstalt in Berlin-Kieferngrund an und sagte: *Na, dann geh doch hin zur Mutter, klingele und sage ihr, dass du sie ficken willst.* Los, pack deine Sachen, wenn du so einen Druck verspürst! Das fanden meine Schüler ungeheuerlich und schwiegen. Damit war endlich dieses Thema bei mir vom Tisch, wenn auch pädagogisch umstritten. Aber ich würde heute immer wieder die Provokateure mit ihren eigenen Worten konfrontieren. Ein Roma Junge erklärte vor meiner Klasse, dass er nur eine Jungfrau heiraten würde und sich vorher an deutschen Schlampen „ausprobieren" würde. Etwas anderes hätten die Deutschen nicht verdient.

Welche Erziehung oder Vorbilder standen wohl hinter diesem Jugendlichen? Ich ahnte es bei einem Besuch seiner Mutter, welche ihren Sohn in seinen Bemerkungen unterstützte. Der Apfel fällt nicht weit vom Stamm!

Ein Wort zum leidigen Thema Kopftuch.

Bereits früher hatten deutsche Richter zugunsten religiöser Minderheiten Recht gesprochen. 1993 etwa entschied das Bundesverwaltungsgericht, dass muslimischen Mädchen beim gemeinsamen Sportunterricht mit Jungen nicht dazu gezwungen werden dürfen, das Kopftuch abzunehmen.
Ich möchte deshalb dieses Thema aufgreifen, weil es mir erwähnenswert erscheint ohne eine Diskussion auszulösen.

Soweit ich mich aus meiner Schulzeit erinnere, entstammt das Das Kopftuch ursprünglich alter persischer Tradition: Es trugen adeligen Frauen als Zeichen ihrer Freiheit und ihrer Standeszugehörigkeit, nur Leibeigene trugen keine Schleier. –. Später dienten die Burka oder das Kopftuchtragen als Verschleierung vor den Blicken fremder Männer und sie legten auch nur Zuhause den Schleier ab. Wird hier der Mann nicht nur auf seinen Geschlechtstrieb reduziert?

Andererseits kleideten sich gerade meine muslimischen Schülerinnen auffallend und reizten so manchen männlichen Schüler, der im Zenit seines Sexualtriebes stand und gerade dabei war zu lernen, den selbigen zu beherrschen. Auch nicht einfach.

Manch eine meiner Schülerinnen, die stets mit stolz erhobenem Haupte durch erhöhten Unterbau ihr Kopftuch fast wie eine Krone trugen, erinnerte mich an dieses Bild einer stolzen, adeligen Perserin. Ihre Haltung mir gegenüber wirkte erhaben und arrogant: Verachtung und Überheblichkeit ließen an meinem Selbstwertgefühl nagen. Besonders, wenn ich als „Deutsche Schlampe" oder „Judenfreund" beschimpft wurde, oder diese Mädchen mich hasserfüllt anschrien: *Du hast mir gar nichts zu sagen! Du bist nicht meine Mutter!* Mit stolz erhobenem Haupte schritten sie durch das Schulgebäude, auffallen um jeden Preis Aber das Kopftuch hatte ursprünglich doch die Funktion, gierigen Männerblicken auszuweichen und deren Interesse nicht zu wecken. Einige kokettierten regelrecht mit ihrem Kopftuch. Einige ältere Schülerinnen trugen bewusst ihr Kopftuch, um sich in der Öffentlichkeit von den Deutschen und Nicht-Gläubigen abzugrenzen; sie wollten scheinbar nicht in unsere Gesellschaft dazu gehören

Das waren Momente in meinem Leben, die mich nicht nur wütend, sondern auch traurig machten. Wieso ließ ich es zu, so behandelt zu werden? Gab es niemanden, der diesen Jugendlichen Einhalt gebieten konnte?

Was für eine Doppelmoral bei vielen meiner Schülerinnen, wenn ich sie ansah: Geschminkt wie ein Model, gekleidet wie ein Model und eine Gangart wie eine Prostituierte. Merkten das deren Eltern nicht oder zogen sie sich nach und vor der Schule um? Das habe ich nicht verstanden.

Mit den Mädchen darüber zu sprechen, lehnten diese wegen vermuteter Befangenheit ab: *Sie sind doch nur neidisch auf unsere Religion, das geht Sie gar nichts an; das ist meine persönliche Entscheidung.* So etwas und noch deutlichere Worte bekomme ich zu hören. Rita, Eine Christin aus Bosnien lief mit ihren langen, offen getragenen Haaren und knappen Minirock durch die Schule, so dass die Jungen ihr ständig unter den Rock griffen oder sie anpöbelten. Sie beschwerte

sich bei mir darüber und ich sagte ihr, sie sollte sich nicht so aufreizend anziehen. Dies würde die Jungen ganz verrückt machen.
Sie reagierte verwundert, aber befolgte doch meinem Rat und trug ab sofort Leggings unter dem Rock.

Abschließend zu diesem Thema möchte ich anmerken, dass meine Schülerinnen und Schüler aus meiner Klasse viel gelassener mit dem Kopftuchthema umgingen als es in der öffentlichen Diskussion geschah; sie waren in dieser Hinsicht tolerant. Es gab nie eine Diskussion wegen eines Kopftuch tragenden Mädchens.

Gefährlich jedoch war es im Sportunterricht, da viele Bereiche aus dem Turnen wegen den langen Nadeln, die das Kopftuch festhielten, nicht durchgeführt werden konnten.
Einige Mädchen weigerten sich ihr Kopftuch abzunehmen, solange sie mit den Jungen gemeinsam Sportunterricht hatten. Auch eine temporäre Trennung der Geschlechter im Sportunterricht brachte keinen Erfolg, im Gegenteil, manchmal hatte ich nur eine Schülerin, die mitmachen konnte oder wollte.

So kam das Kollegium auf die Idee, für den Sportunterricht zwei Klassen mit zwei Lehrkräften zusammen zu legen und somit den koedukativen Unterricht aufzubrechen, in der Hoffnung nunmehr mehr Teilnehmerinnen zu erhalten. Die Mädchen an meiner Schule waren grundsätzlich in der Minderheit; manche Klassen hatten nur ein oder zwei Mädchen. Stundenplantechnisch lief es so, dass jeweils die Jungen und die Mädchen aus zwei Klassen nacheinander Sport hatten.

Dieses Unterfangen scheiterte allerdings an dem „Zickenkrieg" der Mädchen untereinander oder an den Rivalitäten zwischen den Jungen.
Ältere Mädchen machten nur noch selten gerne Sport, sie verweigerten sich mit Unlustbekundungen, mit Bauchschmerzen, ihrer *wöchentlichen* Regel, Null-Bock-Mentalität oder erschienen erst gar nicht in der Turnhalle. Da unser Schulgebäude nicht verschlossen war, zogen es einige Schülerinnen immer wieder vor, während des Wechsels vom Klassenraum zur Turnhallte nach draußen zu gehen,

was natürlich nicht erlaubt war. Aber was sollte ich denn tun, mit dem Rest der Klasse – bereits umgezogen – ihnen hinterher laufen? Auch das Klassenbuch mit den Eintragungen fehlender Schüler war nicht hilfreich, wurde es doch häufig im Klassenraum gelassen.

Es war ihnen auch egal, dass die Sportnote als Ausgleichsnote für ihren Schulabschluss eine Rolle spielen könnte.

Hier hätte eine weitere pädagogische Kraft zur Verfügung stehen müssen.

# Zum Thema Gesundheit

Gesunde Schule?

Zunehmende Bewegungsarmut in den Familien, damit einhergehend innere Unruhe der Kinder, welche sich in Hyperaktivität, große Ablenkbarkeit und sich großen Stimmungsschwankungen zeigte, psychischer Labilität, Essstörungen, geringe Toleranzschwelle usw.. All diese Erscheinungen wurden uns Lehrern in der Schule vor die Füße gekippt: *Seht zu, wie ihr damit fertig werdet!*, schien eine unsichtbare Stimme zu rufen.

Schließlich führte diese permanente Unruhe in den Klassen zu beträchtlichen sozialen Konflikten, zu Stigmatisierungen und auch Ablehnung durch die Mitschülerinnen und Mitschüler bis hin zum Mobbing weniger Schüler.

Besonders auffallend fand ich die Anzahl der für Sonderschulbedarf „getesteten" Schüler – meist Jungen - mit ADHS(Aufmerksamkeitsdefizitstörungen. (Siehe Kapitel Psychomotorik). Diese Jungen reagierten sehr impulsiv, schleuderten in ihren unberechenbaren Wutausbrüchen schon mal Gegenstände durch den Klassenraum oder aus dem Fenster, schrien wie am Spieß

oder sie sprangen wahllos auf irgendwelche „Opfer", um sie vermeintlich „abzustechen".
Hilfen durch den Arzt oder Therapeuten wurden von unseren Eltern nur selten angenommen. Für die Familien bedeutet es eine Schande, ein „gestörtes oder auffälliges Kind" zu haben. Aber die Schwierigkeiten, die diese Kinder hatten, bestanden nicht erst, seitdem sie in die Schule gingen.

Aber aufgefallen ist mir bei meinen meisten Schülern sowohl eine ungesunde Ernährung als auch wenig kindgerechte oder der Jahreszeit angepasste Kleidung. Selbst im Winter kamen einige Mädchen nur dürftig bekleidet zur Schule. Auf mein Nachfragen, ob denn niemand ihre Kleidung kontrolliert, meinte sie: *Wenn ich aus dem Haus gehe, schlafen noch alle.*

Eigentlich dachte ich, dies gehört zu den Erziehungspflichten der Eltern, sich um ihre Kinder zu kümmern, sie morgens zu wecken und mit ihnen gemeinsam zu frühstücken. Ihre Bereitschaft zur Aufklärung über gesunde Ernährung und Hygiene ist unzureichend bis mangelhaft; es interessierte sie einfach nicht. Aber ich wurde leider eines besseren belehrt.

Mit der Zahn- und Körperhygiene stand ich mit meiner Klasse ständig auf dem Kriegsfuß, da weder Eltern noch ihre Kinder dafür Verständnis hatten. Viele Kinder hatten schlechte Zähne und litten an Übergewicht. Tagtäglich kämpfte ich mit meiner 4.Klasse und deren Zahnbürsten gegen Karies, indem wir in unseren schmuddeligen Toiletten unsere Zähne putzten. Ich denke, dass dies einige Schüler nur in der Schule taten. Zum Zahnarzt gingen alle Klassen jährlich, ebenso kam der zahnmedizinische Dienst auch in die Schule. Den dabei erhobenen Befunden wurden selten von den Kindern bzw. ihren Eltern nachgegangen. Auch Wiedervorstellungen beim Zahnarzt wurden regelmäßig ignoriert. Dementsprechend hatten die meisten Kinder ein sanierungsbedürftiges Gebiss. Sollte aber nach unserem gemeinsamen Klassenbesuch beim Gesundheitsamt das Kind selbst zum Arzt gehen, gab es tausend Ausreden, das nicht zu tun: keine Zeit, habe die Chip-Karte verloren, ist doch nicht so schlimm. Erschreckendes Desinteresse vonseiten der Eltern, sollte ich mich so getäuscht haben?

Zum besseren Verständnis möchte ich an dieser Stelle einen typischen Alltag eines meiner Schüler beschreiben:
Je nach Alter wurden Kinder von einem älteren Geschwister mit Frühstück versorgt oder es kümmerte sich umgekehrt um sein jüngeres Geschwisterchen. Der achtjährige Mirco stand immer alleine mit seiner kleinen Schwester auf, seine Eltern schliefen noch. Drängte die Zeit, gingen beide auch ohne Frühstück zur Schule. Kids kamen durchweg ohne Frühstück zur Schule oder mit kalter Pizza, welche das sich selbst überlassene Kind aus dem Kühlschrank gefischt hatte. Auch brachten sie kein Pausenbrot mit, sondern kauften sich schnell vor der Schule ein Brötchen ohne Belag oder die sehr beliebten, rohen „Chinanudeln", die sie dann ungekocht aus der Tüte futterten.

Eltern wurden wegen Kindervernachlässigung nicht zur Rechenschaft gezogen.

In meiner Schule war es auch möglich, sich zweimal in der Woche in unserer Cafeteria belegte Brötchen zu kaufen. Meistens mussten wir in der Klasse gleich in der Früh gemeinsam essen, da die Kinder Hunger hatten oft einhergehend mit Kopf- oder Bauchschmerzen. Sie waren es auch nicht gewohnt, viel zu trinken. Also bot eine Kollegin ein Projekt zum Thema: „Gesundes Frühstück" an. Zusätzlich hatte ich stets ein Paket Knäckebrot im Klassenraum, welches einige Schüler gerne aßen, da sie sonst nichts mitgenommen hatten oder ihnen auch das Geld für Brötchen aus der Cafeteria fehlte.

Auszug aus meinem Antrag an das QM:

*…Zum neuen Schuljahr starten wir an der WBS ein Pilot-Projekt, welches eine tragende Säule für unser Schulprogramm darstellt:*

*Gesunde Schule durch Persönlichkeitsstärkung*

*Dieses Projekt dient der Stärkung des Selbstwertgefühls der Schüler unter Berücksichtigung ihrer sozialen und kulturellen Herkunft und der Mitarbeit ihrer Eltern.*

*Geplant sind Informationsveranstaltungen insbesondere für Eltern aus dem arabischen und türkischen Raum zu Themen wie gesunder Ernährung: Starke Eltern- starke Kinder/ allgemeine Familienhygiene / Aufklärung / internationale Küche / usw. in Zusammenarbeit mit Ärzten, der AOK, dem Landessportbund u.a.*
*Für den Bereich Gesund durch Bewegung haben ich Übungsleiter aus den Sportvereinen gewinnen können. ...*

Meine Kollegin, welche mit mir zusammen das Projekt leitete, erteilte nach Schulschluss auf freiwilliger Basis für die Schüler und unbezahlt für uns Lehrkräfte, einen Kurs für die Mädchen zum Thema: *abnehmen durch gesunde Ernährung und Bewegung.*

Aber dieses Unternehmen scheiterte bereits nach einem Jahr an der Weiterfinanzierung außerschulischer Mitarbeiter. Vielleicht fehlte auch mangelnde Einsicht des Kollegiums in die Notwendigkeit einer gesunden Schule und dem dafür erforderlichen Engagement.
*Was sollen wir denn noch alles tun?*
Geplante Informationsveranstaltungen für Eltern wurden nach den letzten negativen Erfahrungen erst gar nicht angeboten.

Gesundheitsfördernde Aspekte wollte die Schule mit Unterstützung eines Berliner *anschub-Projekts* berücksichtigten. Dabei sollte es weniger um die Erhaltung der Lehrerarbeitskraft gehen, sondern vielmehr um die (kranken) Schülerinnen und Schüler.
Meine Schule nahm am Programm des Landes Berlin „Gesunde Schule" teil, wobei die selbst erstellten Kriterien einer gesunden Schule unter Mithilfe von Beratungskräften aus dem hiesigen Gesundheitsamt verwirklicht werden sollten. Aber außer einem organisiertem„ gesunden Frühstück" ist nicht mehr dabei heraus gekommen.

Wir hatten am Programm *Gesunde Schule* teilgenommen und erhielten dafür eine Auszeichnung in Form eines Aushängeschildes. Hatten wir das wirklich verdient?? Dieses Projekt ist in meinen Augen gescheitert; denn unter `gesund´ verstehe ich mehr als nur ein gesundes Frühstück. Über meine Vision einer guten, gesunden Schule habe ich mich an anderer Stelle ausgelassen.

Auffallend, aber nicht ungewöhnlich, war, dass viele Jungen wenig über Küchenhygiene oder auch Lebensmittel Bescheid wussten. Die Mädchen wurden offensichtlich stärker im Haushalt eingespannt. Einige kannten auch einheimische Rezepte, die sie gerne präsentierten. Das war eine schöne Bereicherung des Unterrichts und stärkte die Klassengemeinschaft.

Leider beschäftigten sich manche Eltern lieber mit den Spiel-Programmen auf dem Computer als mit der Körperhygiene ihrer Kinder. Hier ging es um schmutzige, also ungewaschene Kinder, die oft üblen Körpergeruch verbreiteten. Die Körperpflegemusste schon zu Hause geleistet werden, sie konnte nicht in der Schule nachgeholt werden. Obwohl wir Sportlehrer sie dazu an leiteten, sich nach dem Sportunterricht zu duschen, das klappte aber nur in der Unterstufe. Wie auch das Zähneputzen, das meine Klasse nach der Pause durchführte. Somit erhoffte ich mir eine Nachhaltigkeit. Spätestens, wenn sie einen Partner haben, erledigt sich das Thema von alleine, hoffentlich.

Ein permanent wiederkehrendes Problem war das Auftauchen von Läusen. Wenigstens fehlten dann einige Tage diese Kinder. Sie mussten zum Arzt gehen, um eine Bescheinigung zu erhalten, dass sie frei sind von ansteckenden Krankheiten. Nur die Eingangs- (3. Schuljahr)und die Abschlussklassen(10. Schuljahr) gingen zur medizinischen Untersuchung zum Gesundheitsamt.

## Elternmitarbeit gefragt

Manche Eltern hielten mich als Lehrerin für unfähig, wenn ich sie z.b. wegen Verhaltensauffälligkeiten ihres Sohnes um Mithilfe bat. Besonders die Väter – wenn ich überhaupt mal mit ihnen gesprochen habe – hielten sich aus Erziehungsfragen gänzlich heraus oder der Schüler wurde zu Hause gezüchtigt.

Eine weitere, aber für die Lehrerschaft lehrreiche Möglichkeit, Hintergründe über das Fehlverhalten eines 8-jährigen Schülers zu erhalten, zeigte sich in einem Hausbesuch. Dazu wurde ein Kollege von der *„Pädagogischen Feuerwehr"* von den jeweiligen Klassenlehrern damit beauftragt worden, Hausbesuche bei Problemkindern durchzuführen. Entweder wegen ständigen zu-spät-Kommens oder wegen fehlenden Hausaufgaben oder weil das Kind den Unterricht permanent störte. Unser Unwissen über deren Familienstrukturen sollte diesen armen Lehrer mit voller Wucht treffen.

Zunächst saß die gesamte Familie im Wohnzimmer und hörte sich an, was der Lehrer – im Auftrag seiner Kollegin- vortrug. Sicher ist es für Eltern nicht angenehm, wenn die ganze Sippe mithört, was für ein gewalttätiger Rüpel dieser Sohn ist. Statt Einsicht schlug der Vater mit einem Pantoffel auf das Kind ein. Als der Lehrer es noch wagte, sich vor das Kind zu stellen, bekam er in seiner Wut auch noch einen Schlag ins Gesicht.

Danach hat das Kollegium beschlossen, ohne Vermittler keine Hausbesuche mehr durchzuführen. Also wurde diese Möglichkeit abgeändert, indem nur noch ein Mittler mitging, der auch die Heimatsprache der Eltern sprechen konnte. Oftmals war dies sinnvoll, da die Eltern in diesem Mittler einen Gleichgesinnten sahen, der ihren Prinzen nicht diskriminieren wollte. Tolle Prinzenrolle! Jeder hat eben mehrere Rollen im Leben, die er spielt.

Und das alles während der Freizeit, natürlich. Ich liebte meinen Beruf!

Wer soll denn nun die aus derart archaischen Familienstrukturen kommende Kinder erziehen bzw. integrieren? Sara, zum Beispiel, eine Schülerin der 8. Klasse, wurde in ihre Heimat nach Syrien geschickt, da die Eltern mit ihrer Erziehung restlos überfordert waren und sich über ihre dortige Familie Einfluss auf ihre Tochter zu erhalten hofften. Nach zwei Monaten kam sie zurück, da sie die Strenge und das Fremde ihrer Heimat nicht ausgehalten habe

Leider habe ich auch erfahren, dass eine Mutter mit ihren fünf Kindern aus Rumänien (sie hatten nur eine geduldete Aufenthaltsgenehmigung)über Nacht von der Ausländerpolizei abgeholt und abgeschoben wurde. Das war für meine 7. Klasse ein großes Gesprächsthema am nächsten Tag. Meine Schülerinnen waren entsetzt, dass das Mädchen ohne sich zu verabschieden auf einmal nicht mehr da war. *Sie hat doch noch all ihre Schulsachen hier!* meinten sie. Die Jungen waren entsetzt, dass so etwas nach deutschen Gesetzen möglich ist. Hätten sie schon Wissen vom Nazireich gehabt, hätten sie sicher diesbezüglich eine Anmerkung gemacht.

Wo blieben eigentlich die Eltern mit den ihnen von unserer Gesellschaft erwarteten Erziehungspflichten? Haben sie dem pädagogischen Personal gegenüber nicht eine Bringschuld, sind sie nicht in erster Linie für das Wohlbefinden ihrer Sprösslinge verantwortlich? Könnten sie wenigstens dafür zu sorgen, dass ihre Kinder mit einem Frühstück versehen in die Schule und auch pünktlich ankommen? In vielen Familien wird nicht mehr miteinander gesprochen geschweige denn vorgelesen. Kommunikation fand überwiegend über das Fernsehen statt. Und selbst die Heimatsprache, nur zu Hause gesprochen, verkümmerte, wird sie nicht in Wort und als Umgangssprache trainiert.

Das Fernsehen und der Internetzugang dienten als Erziehungsmedium, als Erziehungsinstanz. Eltern waren und sind die Erziehungsberechtigten und müssten diese Verantwortung auch ernst nehmen.

Es ist schwer gute Eltern zu haben!

# Krank sein- Verlängerung der Ferien

„Die Fehlquote der Schülerinnen und Schüler liegt sowohl bei den entschuldigten als auch unentschuldigten Fehlzeiten weit über den Vergleichswerten der Schulart, der Region und Berlins. Der Umgang mit unentschuldigten Fehlzeiten ist an der Schule klar geregelt. Eine Reaktion erfolgt lehrerabhängig zum Beispiel durch Hausbesuche und, nach Auskünften der Schulleiterin, zunehmend auch mit Schulhilfekonferenzen. Der Kontakt zum Jugendamt wird nach Angaben der Schulleiterin unverzüglich vor allem durch die Sozialpädagogin hergestellt. Ein Lehrer der Schule ist in diesem Zusammenhang an das Projekt „move-plus" zur Re-Integration schuldistanzierter Schülerinnen und Schüler abgeordnet, zum Inspektionszeitpunkt nahmen vier Jugendliche der Schule an diesem Projekt teil."( *aus: Bericht zur Inspektion*).

Unser für den Bezirk Mitte zuständiger Amtsarzt teilte mir mit, dass Schmerzsymptome wie Bauch-Rücken-, Kopfschmerzen stark zugenommen hätten, und als Symptome eines gestörten Verhaltens gedeutet werden müssen.

Die Kinder seien in ihrem Alltagsbereich isoliert, es fehlten die sozialen Bezüge. Hinzu kommt eine große Zukunftsangst bei den jungen Menschen. Bewegungsarmut und Einsamkeit. Angestiegen sei auch die Zahl der depressiven Erkrankungen,

Kinder, die kein gutes Leben haben, bringen auch keine guten Leistungen. Ein einsames, trauriges, krankes Kind kann nicht lernen. Auch wenn wir im zehn Sozialarbeiter zur Seite stellen und es jeden Nachmittag zum Psychologen und zur Therapie schicken. Es ist ein kleiner Mensch, der ohne Liebe genauso wie die Großen verkümmert und eingeht.

Es war an meiner Schule nicht außergewöhnlich, dass Schüler aus fernen Herkunftsländern einfach einige Wochen vor und nach den Ferien nicht mehr da waren. Sie hatten Billigflüge bekommen und fanden es nicht illegal, dass die Eltern ihren Kindern die Schulpflicht für einige Wochen entzogen.

Sie taten es einfach, es gab keine Konsequenzen.
Mehr als dass Bußgeld angedroht wurde passierte nicht.
Nicht die Schüler muss man bestrafen, wenn sie zu spät aus den Ferien zurückkehrten. Sind nicht eher die Fluggesellschaften unter Druck zu setzen, dass sie ihre Billigflüge nicht vor und nach den Ferien setzen und damit die Verantwortung zu übernehmen sollten?

## Feste feiern

Nach meinem 40-jährigen Aufenthalt im katholischen Rheinland habe ich viel von christlichen Werten erfahren und die Feste in ihren Traditionen gerne miterlebt. Was für ein Schock, als ich in das so liberale, Multi-Kulti geprägt Berlins kam! Religionsunterricht? Nur freiwillig: Das hat mich sehr befremdet: die Trennung von Kirche und Staat. Welche Horizonterweiterung Bereicherung ist den hiesigen Schülern entgangen, welche Orientierungslosigkeit machte sie zu Anbetern anderer Fetische? Wirklich schade um das wenig christlich geprägte Leben in Berlin. Nun riefen plötzlich die Bildungspolitiker nach Religionsunterricht und zauberten den „Ethikunterricht" aus ihrem Hut

In Berlin war es so, dass die Schüler während der Grundschulzeit freiwillig am christlichen Religionsunterricht teilnehmen konnten. Mit 14 Jahren, wenn sie religionsmündig sind, nahmen sie freiwillig am Religionsunterricht, welcher parallel zum Unterricht lief, teil. Sie sammelten sich mit ihrem Religionslehrer außerhalb des Klassenverbandes. Der Ethikunterricht wurde verbindlich für alle Schülerinnen und Schüler ab der 7. Jahrgangsstufe vorgegeben.
Eigens zur Ausbildung vorhandenen Lehrkräften wurden Schnellkurse im Fach Ethik angeboten. Dennoch mussten, falls die Lehr-

kräfte mit einer Qualifizierung Ethik keine Unterrichtskapazitäten mehr frei hatten, dann die Klassenlehrer ohne Ethikausbildung den Unterricht selber gestalten.

Nach der uralten Tradition des Moslems und auch vieler Sinti- und Roma-Familien (die meisten von ihnen waren Christen) werden Ehepartner vom patriarchalischen Familienoberhaupt ausgesucht und deren Ehe beschlossen. Oft findet dann eine Art Verlobung auf einer Hochzeit innerhalb der Sippenverwandtschaft statt. Gerade Hochzeitsfeiern haben einen hohen Stellenwert, dienen sie doch als eine gute Gelegenheit, andere Jungen kennen zu lernen, zum ersten Mal zu tanzen oder auch zu flirten. Außerdem nahmen sich die Familien an Hochzeiten selber frei, zu denen fast der gesamte Kiez gehörte, weil alle irgendwie miteinander verwandt waren. Es verstand sich von selbst, dass die Schüle dann drei Tage oder auch länger nicht zur Schule kommen konnten.

Begeistert und stolz erzählten meine Mädchen in dem morgendlichen Erzählkreis von der Teilnahme an den Hochzeitsfeier, auf denen sie sich geschminkt und ganz toll angezogen hätten. Gerne wäre ich mal dabei gewesen, aber es hat mich niemand eingeladen. Ähnlich war es bei den arabischen Familien.

Ganz schlimm wurde es für die Schüler und auch Lehrkräfte, wenn die Fastenzeit in die Sommerzeit fiel. Da viele Muslime fasteten und auch nichts tranken, rochen einige streng aus dem Mund, anderen wurde permanent schlecht und sie hatten Kopf- und Bauchschmerzen. Auf meinen Hinweis, sie müssen als Kinder und Jugendliche noch nicht am Fasten teilnehmen, entgegneten sie mir: Aber ich will. Was glauben Sie, wie viel Geld ich am Ende der Fastenzeit von meinen Verwandten bekommen werde? Keine Ahnung, aber es waren hunderte von Euros.

Am Ende des Ramadan wird das Zuckerfest gefeiert, und zwar drei Tage lang. Einen Tag hatten die Moslems dafür frei bekommen, aber die meisten hielten sich nicht daran. Manche fehlten auch eine ganze Woche, da sie beim Zuckerfest über das erträgliche Maß hinaus gegessen hatten.

An diesen Tagen war es still im Schulhaus, die paar deutschen Kinder erfuhren eine besondere Zuwendung durch ihre Lehrer oder machten vergnügliche Ausflüge.

Weihnachten, Ostern, Himmelfahrt und Pfingsten, an den christlichen Feiertagen hatten natürlich alle schulfrei. In manchen Bundesländern auch noch Karneval, Allerheiligen und Fronleichnam.

Wann wird Europa den Islam wie das Christentum als gleichberechtigte Religionen mit seinen traditionellen Festen zu gesetzlichen Feiertagen erheben?

Eigenes bewahren, Fremdes zulassen. Ist das der Schlüssel zur Integration?

## Integration erfolgt durch Bildung

*Wir verstehen den **Begriff Integration** als gleichberechtigte Teilhabe von Menschen mit Migrationshintergrund am ökonomischen, sozialen, politischen und kulturellen Leben.*
*Integration ist eine wesentliche gesamtgesellschaftliche Daueraufgabe des Landes.*
*(Senatsverwaltung für Bildung, Jugend und Sport, hier:* Integration und Bildung 2006)
*Die Bildungsbeteiligung von Migrantinnen und Migranten und ihre Bildungserfolge bedürfen unserer besonderen Aufmerksamkeit und - wo nötig - Förderung. Denn Bildung ist für ihre Integration in unsere Gesellschaft von herausragender Bedeutung.* ( Homepage des Bundesministeriums Bildung und Forschung vom 06.07.2012)
*Bildung führt zu Integration, Integration zu Teilhabe, Teilhabe zu Wohlstand – das ist die Losung von Heinz Buschkowsky* (Bürgermeister von Neukölln),

*Bildung fängt vor der Schule an und endet nie, denn Bildung ist mehr als Wissen. Bildung ist die Basis für ein erfülltes Leben und soziale Teilhabe. (Homepage der Bertelsmann Stiftung)*

Bildung wird erworben in Bildungseinrichtungen, durch die aktive Teilhabe, idealerweise auch Mitgestalten, am kulturellen Leben in Deutschland, deutsche Freunde haben und deutsch sprechen können.

Voraussetzung für Bildung ist der Erwerb ausreichender Lesekompetenz, welche sinnvollerweise in der Familie anfangen sollte durch zum Beispiel Vorlesen. Wobei ich wieder beim Thema Familie bin, Familie als Keimzelle des Guten.

Aber auch heutige Medien können zur Wissensvermittlung durch gute Beiträge förderlich sein.

Außer den bekannten Druckmedien wie Zeitungen, Illustrierten gehörten natürlich auch bei meiner Schülerschaft - wohl in erster Linie – das Fernsehen und der Computer, Handy usw. mit Internetzugang. Doch gerade diese Errungenschaften stehen nach meiner Meinung einer Integration oft im Wege:

Praktischerweise waren meine Schülerelternschaft aus den bildungsfernen Unterschichten per Satellit mit dem jeweiligen Heimatland verbunden, so dass die Teilhabe am kulturellen Leben aus der Heimat für die in der „Fremde" lebenden Familien zuträglich wurde und Kinder nicht mehr auf der Straße mit anderen Kindern spielen mussten, da sie zu Hause ihre Lieblingssendungen in ihrer Heimatsprache sehen konnten. Das waren meine Erfahrungen im Kiez.

Der ausschließliche fremdländische Programmempfang verhinderte, Deutsch zu lernen. Wozu denn noch Deutsch lernen? Im Kiez gab es einen Arzt in ihrer Heimatsprache ebenso wie den Supermarkt, Fachgeschäfte bis hin zum Rechtsanwalt, wenn er gebraucht wurde.

Diese Familien lebten in „ihrem" Kiez in „ihrer" Heimatsprache unter „ihresgleichen". Die Familien der Roma bestanden aus zahlenmäßigen großen Clans und sind meist untereinander verwandt.

Bildung im europäischen Sinne schien bei ihnen als Lebensziel nicht vorzukommen. Mädchen wurden zur Heirat erzogen, nicht zur Bildung oder zu einer wissenden und aufgeklärten Frau. Auch Eheschließungen dienten in erster Linie dem Erhalt des eigenen Stammes. Daher auch der enorme Kinderreichtum; nicht selten hatten wir an der Schule Familien mit 10 Kindern oder mehr. Es wäre mal eine interessante Frage, warum fast alle Kinder von diesen Familien an die Förderschule überwiesen wurden.

Bedeutet bildungsfern gleichzeitig ungebildet sein??
Als Pädagogin sage ich: Neugierde ist der Schlüssel zu Wissen, sie muss gefördert werden durch die soziale Umwelt wie in allererster Linie dem Elternhaus, der Kindertagesstätte und der Schule.

Massenmedien lassen unsere Kinder nur unzureichend an Entdeckungen und den kausalen Zusammenhängen in der Naturwissenschaft teilnehmen: Kids müssen eigene Erfahrungen sammeln, sowohl positive als auch negative. Sie müssen lernen, mit Enttäuschungen umzugehen, wobei Aggressionen, hervorgerufen durch Frustrationen, ausgehalten werden müssen, von einem selber als auch von der Umwelt, sofern sie sinnvoll kanalisiert wird. Über möglichen Aggressionsabbau durch Sport habe ich an anderer Stelle geschrieben.

Was den Schülerinnen und Schülern unbedingt durch die Schule beigebracht werden muss, ist der Erwerb einer guten Medienkompetenz.
Selbstverständlich musste der Computer im Schulalltag seinen Einzug finden unter der Berücksichtigung: Wie kann ich ihn mir beim Lernen nützlich machen? Es kann nicht sein, dass im Unterricht – wie ich beobachtet habe - die Kinder pausenlos chatten, bis der Lehrer kommt.

Bei der Schwierigkeit zur Integration in meiner Schule ging es meiner Erfahrung nach vorwiegend sowohl um ethnische als auch um soziale Probleme; die Schülerschaft identifizierte sich mit ihren Ursprungswurzeln, mit ihrem Familienclan.

Ich forderte in meinem Unterricht auch das Einüben von Sekundartugenden wie Pünktlichkeit, Zuverlässigkeit, Ordnung, Fleiß, Pflichtbewusstsein und gegenseitige Rücksichtnahme. Wie viele Schüler kamen zu spät zu ihrer Praktikumsstelle oder sie riefen einfach nicht an, wenn sie erkrankt waren.

Nur frage ich mich an dieser Stelle, warum die Erziehung in Bonn bei den Diplomatenkindern wesentlich besser klappte als in Berlin bei den Migrantenkindern? Warum ließen sich die hiesigen Eltern nicht mit ins Boot nehmen, gerade weil sie andere Bildungsvorstellungen hatten? Ich erwartete von den Eltern das nötige Vertrauen, Achtung und sie gaben nur mangelhafte Unterstützung. Hängt Bildung doch nicht etwa mit Intelligenz zusammen??

*„Bildung gelingt, wenn sich Eltern ihren Kindern zuwenden. Die meisten Eltern muss man an ihre Verantwortung nicht erinnern....In einer wachsenden Zahl von Familie in allen Schichten sind Kinder aber benachteiligt...Oft mangelt es an einem strukturierten Alltag der Eltern für die Entwicklung der Kinder. Eine Bildungskarte allein bewirkt nichts, wenn die Erziehung bisher an den Fernseher delegiert wurde....Gerade in sozialen Brennpunkten müssen sich Kindergärten – uns später Grundschulen- darüber hinaus zu Familienzentren entwickeln, die Eltern durch Erziehungs- und Integrationskurse, Rat in Lebensfragen und den Kontakt zu anderen sozialen Einrichtungen stärken. Wenn Eltern aber nicht überfordert, sondern nur unwillig oder zu bequem sind, dann muss das auch Folgen haben – um Beispiel durch Bußgelder für Eltern von Schulschwänzern."Aus Focus 37/2010*
*Die Eltern müssen erfahren, welche Bedeutung die Bildung ihrer Kinder hat, damit sie nicht ins kriminelle Verhalten abgleiten.* (Heisig, S. 122)

Bildung gelingt, wenn Erzieher, Sozialarbeiter, Lehrer und Professoren ihr Wissen und ihre Werte motiviert und qualifiziert weitergeben. Dafür verdienen sie den Respekt und die Anerkennung unserer Gesellschaft. Bildung gelingt, wenn die Rahmenbedingungen stimmen. Kleine Gruppen, moderne Ausstattung und intakte Gebäude entscheiden zwar nicht allein über den Bildungserfolg, begünstigen ihn aber sehr.

Nicht materielle Werte sind das wichtigste im Leben, sondern eine gute (Aus-)Bildung. So haben es mir meine Eltern beigebracht und so habe ich es an meine Kinder weiter gegeben. Es war nicht zu ihrem Schaden.

Unser Gut ist die Bildung.

# Migration und Kriminalität

Fehlender Respekt ist der Anfang einer Gewaltspirale

Zustand heute

*Neben dem wichtigen Thema „Waffenbesitz" lag mir ein weiterer Aspekt am Herzen, der unbedingt als Motto für unser gemeinsames Projekt ein Rolle spielen sollte, nämlich: Respekt. Besser gesagt: mangelnder Respekt sehr vieler Jugendlicher gegenüber ihren Mitmenschen, Amtsträgern wie Lehrern, Polizisten, aber auch gegenüber den Eltern…(Gaertner/ Faad, S. 27)*

Mangelnde Bildung gilt in Deutschland allgemein als Hauptursache der Kriminalität. Die meisten meiner Schülerschaft kamen aus bildungsfernen Elternhäusern, unser Rechtssystem ablehnend, aus Bosnien oder arabischen Ländern wie Libanon und Palästina. Sie brachten gewaltige unterschiedliche Probleme von zu Hause mit: von prügelnden, alkoholabhängigen Eltern bis hin zu deutschfeindlichen Hassbildern von unterwanderten Muslimbruderschaften. Diese setzten besonders die Mütter unter Druck, indem sie diese vormittags besuchten und ihnen den Umgang mit Deutschen verboten unter Androhung von Strafen. So erzählten es mir meine Schüler.

*Ihre Fähigkeit zur Konfliktlösung ist äußerst gering...sie haben eine offen demonstrierte Abneigung gegen alle sozialen Spielregeln, sie verstoßen häufig gegen die Schulordnung, sie sind untereinander aggressiv und haben eine ausgeprägte Neigung zur Schadenfreude... Viele meiner Schüler sind der Meinung, dass sie sich und ihren Freunden nur mit aggressiven Reiz- und Drohverhalten imponieren können. ... Es bereitet ihnen unendliche Not, Niederlagen zu ertragen.... Sie glauben selbst, dass sie nichts können und dass sie nichts taugen. ... Sie besitzen kein echtes Problembewusstsein. Einerseits unterschätze sie sich, andererseits überschätzen sie sich. Ihnen fehlt die Einsichten die Tatsache, dass man Schwächen abbauen kann, dass man Minderleistungen ausgleichen kann, dass man sich selbst und die Welt verändern kann. Viele meiner Schüler leiden an Langeweile... Sie sind in ihrem Freizeitverhalten weitgehend auf Passivität und Konsum eingestellt* (Jochen Korte, S. 34 ff)

Erstaunlich, was 1986 bekannt war und sich scheinbar nicht verbessert hat.

Wo früher geprügelt wurde, blitzten heute Messer.

Erpressungen, Abzocke, Beleidigungen, Diebstahl, Einbrüche und Gewaltdelikte gehörten heute fast schon zur Tagesordnung an unseren Schulen. Dabei gingen die Schüler mit einer Brutalität vor, die ich nur aus schlechten Filmen kannte: Opfer, die am Boden lagen, wurden getreten, einer alten Dame wurde im Einkaufscenter von meinem Schüler die Handtasche entrissen, Mitschüler werden angespuckt. Immer mehr Kinder waren verhaltensauffällig, die häusliche Erziehung fand kaum noch statt, zumindest bei unserer Schülerschaft. *Autoritärer Erziehungsstil der Eltern wird als Stärke erlebt (Buschkowsky S.221)* Bei Klassenausflügen erzählten mir die Schüler, dass sie immer „schwarzfahren" würden, Skrupel deswegen hatten sie nicht. Verbale Gewalt auch gegen Lehrkräfte und pädagogisches Personal oder auch Beleidigungen der Opfer hielten sie für angebracht.

Die Eltern müssen erfahren, welche Bedeutung die Bildung ihrer Kinder hat, damit diese nicht ins Kriminelle abgleiten.

Wegen seiner Prägnanz erlaube ich mir Auszüge aus der Rede von Roman Reusch zu zitieren, die er in der Hanns-Seidel-Stiftung Berlin 2007 gehalten hat:
*Nicht etwa die Türken als kopfstärkste Migrantengruppe stellen die relativ meisten Täter, sondern die Araber, die an der Berliner Bevölkerung nur einen verschwindend geringen Anteil haben. Diese wiederum setzen sich überwiegend aus den bereits erwähnten Palästinensern sowie Angehörigen hochkrimineller Großfamilien mit türkisch-kurdisch-libanesischen Wurzeln zusammen, die arabische Muttersprachler sind und in Berlin weite Bereiche des organisierten Verbrechens beherrschen. ...*
*Übereinstimmendes Merkmal zwischen den verschiedenen orientalischen Ethnien dürfte die Gewaltanwendung des männlichen Familienoberhauptes gegenüber seiner Familie sein. Körperliche Züchtigungen, auch heftige Schläge, sind, wie die jungen Migranten immer wieder berichten, gängige Erziehungspraxis. Dem devianten Verhalten ihrer Söhne stehen diese Familien teils unwissend, teils verharmlosend, aber auch hilflos gegenüber. Die heimatliche Tradition verbietet es geradezu, Hilfen von außerhalb, noch dazu eine solche des fremden Staates, zuzulassen oder gar zu erbitten. Bei den bereits beschriebenen türkisch-kurdisch-libanesischen Großfamilien muss zudem davon ausgegangen werden, dass dort keineswegs selten eine konsequente Erziehung zur professionellen Kriminalitätsausübung stattfindet.* (Reusch, ebenda)

An dieser Stelle verweise ich auf das Deutsche Bürgerliche Gesetzbuch, welches im § 1631 (2) den Kindern ein Recht auf gewaltfreie Erziehung zugesteht: *Körperliche Bestrafungen, seelische Verletzungen und andere entwürdigende Maßnahmen sind unzulässig.*

Auf der Straße im Weddinger Kiez hatte nicht mehr die Polizei das Sagen, sondern rivalisierende Jugendgruppen:Türken gegen Araber, Bosnier gegen Serben usw. Das Gewaltpotenzial war hoch. Die Ermittler stießen immer häufiger auf eine Mauer des Schweigens .... *Viele der 12-jährigen haben Messer und Gasrevolver. Und sie haben auch keine Scheu, sie einzusetzen .... Die Gangs hingen den ganzen Tag rum und suchen aus Langeweile Streit. Sie werfen mit Bierflaschen und Steinen.... Die kriminellen Kids dealen mit Drogen. Viele Viertel gleichen einem Pulver-*

*fass, das jederzeit explodieren kann.* (Joachim Zeller, Bezirksbürgermeister in Berlin-Mitte im Zeitungsinterview)
  *In diesen Familien gilt seit je her – ...– der Leitsatz: „Knast ist für Männer". Bei diesen Familien wird somit als völlig normale Gegebenheit vorausgesetzt, dass ihre Männer früher oder später Haftstrafen zu verbüßen haben, dies ist Teil des „Geschäftskonzepts". Jugendliche aus solchen Familien dazu anzuhalten, zu lernen und zu arbeiten, kommt dem Versuch gleich, Wasser mit einem Sieb aufzufangen. Sie erleben schließlich, dass ihr Vater, die älteren Brüder, Cousins, Onkel etc. ebenfalls kaum lesen und schreiben können, und trotzdem „dicke Autos" fahren. Generell wachsen die meisten der bei uns geführten Täter in einem Umfeld auf, in dem – jedenfalls für junge Männer - die Begehung auch schwerster Straftaten zur völligen Normalität gehört, weshalb die meisten auch schon in strafunmündigem Alter delinquent werden. Sie wissen zwar, dass ihr Handeln grundsätzlich verboten ist, dies schert sie jedoch wenig. Sie haben eine Selbstbedienungsmentalität entwickelt, die darauf abzielt, sich zu nehmen, was immer sie wollen und wann und so oft sie es wollen. Ihre Taten dienen in erster Linie der Finanzierung eines aufwendigen Lebensstils, den sie sich bei ihrem Bildungs- und Ausbildungsstand durch Arbeit nie leisten könnten. Außerdem erlangen sie durch ihr „Gangstertum" in ihrem Umfeld ein durch Arbeit ebenfalls nicht erreichbares Sozialprestige. Sie mieten sich hochwertige Autos, wofür sie in bar zahlen, und fahren an Schulen und anderen Jugendtreffpunkten vor, um mit ihrem Lebensstil anzugeben. Bei Begehung der Taten legen sie auch stets Wert darauf, ihre Opfer zu demütigen und zu erniedrigen, woraus sie für sich selbst ein weiteres Mal Bestätigung ziehen. Auch in ihrem Tagesablauf führen sie sich fast schon als Protagonisten der Spaßgesellschaft auf:*
  *... Dies macht die Größe der Aufgabe deutlich, die sich allen stellt, die von Berufs wegen mit dieser Form jugendlicher Delinquenz befasst sind.*
  *... die ihre Wurzeln meist im national-religiösen Überlegenheitswahn muslimischer Jungkrimineller haben, welches sich gerade gegenüber „ungläubigen" Frauen und Mädchen in besonders abstoßender Weise äußert. Die diesen Taten zugrunde liegende Einstellung kommt auch darin besonders deutlich zum Ausdruck, dass der größte Vorwurf, der einem muslimischen Mädchen gemacht werden kann, der ist, sie benehme sich wie eine Deutsche. ...junge männliche Kriminelle orientalischer Herkunft, in einer Sozialisation heranwachsen, in*

*welcher - außerhalb der Familie - das Bestehen eines gänzlich gesetzlosen Lebenskonzeptes zur weit verbreiteten Normalität gehört. Die Angehörigen dieser Schülergruppen zeichneten sich dann auch insbesondere durch völlig fehlende Unrechtseinsicht und weitgehende Resistenz gegenpolizeiliche und justizielle Maßnahmen aus.* ( Reusch, ebenda)

Der Mann (Vater, Bruder, Cousin, Onkel) ist der Macho und ein echter Macho muss auch mal im Knast gewesen sein, um die gebührende Anerkennung seiner Sippe zu erhalten. Es würde sogar ein minderjähriger Bruder tun, da er noch nicht für sein Handeln strafmündig war. Es lebe die Macho-Kultur! Einige rühmten sich nun ein „richtiger Mann" zu sein, wenn sie im Maßregelvollzug, dem „Knast", gesessen haben. Das verschaffte ihnen Anerkennung bei ihren Banden.

In allen Punkten kann ich dem Vortrag von Roman Reusch zustimmen und durch einige Fallbeispiele einen Eindruck in meine alltägliche Arbeit geben. (s. Kapitel *Meine Klassen*) Die Gewaltbereitschaft, eigene Gewalterfahrungen unter unseren Schülern nahm mit jedem weiteren Schuljahr zu.

Im Zusammenhang mit polizeilichen Ermittlungen gegen einen Straftäter, dessen Namen ich nicht kannte, wurde ich gebeten, in der Bildlichtkartei des LKA Berlin nachzusehen. Dabei entdeckte ich acht Schüler von meiner Schule, die erkennungsdienstlich erfasst worden waren. Das hieß, dass diese Schüler als Intensivtäter geführt wurden und teilweise abgeurteilt worden sind. Wahnsinn, dachte ich, wo bist du hier nur gelandet?

Machtlos standen wir Pädagogen dieser Entwicklung gegenüber. Was sollten wir als Schule dagegen tun? Wir bildeten Mediatoren aus, führten Anti-Aggressions-Trainings durch, verpflichteten sie zu Wiedergutmachungen am Opfer, versuchten sie mit Schulausschluss zur Einsicht zu bewegen; aber alles war von kurzer Dauer. Wir hatten so manchen Schüler an „seinen Clan" verloren. Dieser bestimmte die Regeln, nicht die deutsche Justiz.

Es schien mir normal, dass in vielen arabischen Familien die Kinder wegen schlechten Noten geschlagen wurden. Die Kinder erfuhren schon früh Gewalt als Erziehungsmittel. Nur selten habe ich gehört, dass meine Mädchen ihre Kinder mal schlagen würden. Ganz anders die Jungen, die in der Mehrheit auch ihre Kinder züchtigen werden so wie sie es selbst erlebt haben. Ich kann bestätigen, dass unsere Mehrfachtäter auch Schulverweigerer waren. Woher kam diese Entwicklung?

*...Übereinstimmendes Merkmal zwischen den verschiedenen orientalischen Ethnien dürfte die Gewaltanwendung des männlichen Familienoberhauptes gegenüber seiner Familie sein. Körperliche Züchtigungen, auch heftige Schläge, sind, wie die jungen Migranten immer wieder berichten, gängige Erziehungspraxis.-*
*Aus Berichten von Mitarbeitern der Jugenduntersuchungshaftanstalt Kieferngrund wissen wir, dass Jugendliche aus solchen Familien schildern, wie sie von Kindesbeinen an von ihren Müttern bereits zum Stehlen angehalten wurden und z.B. erst nach Hause zurückkehren durften, wenn eine bestimmte Mindestbeutesumme erreicht war....* (Reusch ebenda)

Leider konnte ich das bestätigen, Kinder erzählten es uns in meiner Klasse. Keiner hatte ihnen gesagt, dass Stehlen in Deutschland verboten ist.
Kleine Kinder wurden oft gezielt auf Diebeszug oder zum Autoknacken geschickt.

*Dem devianten Verhalten ihrer Söhne stehen diese Familien teils unwissend, teils verharmlosend aber auch hilflos gegenüber. Die heimliche Tradition verbietet es geradezu, Hilfen von außerhalb, noch dazu eine solche des fremden Staates, zuzulassen oder gar zu erbitten. ( Reusch, ebenda)*

Der Berliner Oberstaatsanwalt Roman Reusch ist 2008 seines Amtes als Jugendrichter enthoben worden, weil er die Tatbestände beim Namen nannte. Dabei sprach er mir voll aus dem Herzen, jede Behauptung hätte ich aus meinen Erfahrungen belegen können. Seine Absetzung war ein fatales Signal ans kriminelle Milieu. Es ist ein Skandal, dass so ein kompetenter Staatsanwalt Reusch gehen muss! Die Sprache, die die Delinquenten verstehen, muss eine klare Absage an die Gewalt sein, klar und deutlich, das verstehen sie. Sie müssen ihre Grenzen und deren Sanktionen bei Überschreitung erfahren.

Das hat der Staatsanwalt getan. Deshalb schrieb mein Mann in seiner Wut einen Leserbrief an die Berliner *Bild Zeitung*:

*Leserbrief zum Artikel vom 23.1.2008 der B.Z.*
*Betr. Fall Reusch*
*Bravo, dass dieser Mann der Öffentlichkeit sagt, wie es an der Basis wirklich aussieht! Bravo!*
*Als Mann einer Lehrerin an einer Sonderschule (90% Migrantenkinder!!) im Kiez kann ich meine Meinung nur mit den Erfahrungen, die mir meine Frau tagtäglich vor die Füße kippt, unterstreichen. Sie hat täglich – wenn die Schüler nicht mal wieder schwänzen- mit andersartigen Kulturen und dem uns fremden Umgang mit Erwachsenen – insbesondere Lehrerinnen- zu tun: fehlender Respekt, das Macho-Getue und das Durchsetzen eigener Machtauffassung verbunden mit permanenten verbalen Störungen des Unterrichts bis hin zu Gewaltandrohungen, wenn mal wieder einer „die Mutter eines anderen ficken will."*
*Was für ein Vokabular muss sie sich anhören. Das hat sie wirklich nicht verdient, zumal sie seit Jahrzehnten gerne als Lehrerin gearbeitet hat – bis wir nach Berlin umzogen.*
*Als sie neulich mit einer 10. Klasse darüber sprach, dass der Gesetzgeber darüber nachdenkt, straffällige Jugendliche in ihre Herkunftsheimat „abzuschieben" meinten diese: „Schlecht, da kann man nicht so viel Scheiße bauen wie in Deutschland, auch in den Schulen sind die Lehrer viel strenger bis hin zur Prügelstrafe." Toll, wie die Jugendlichen „ihren, unseren Staat" sehen, natürlich haben sie einen deutschen Pass.*
*Auch an die Eltern kommt niemand ran: entweder sind die Mütter hilflos in ihrer Erziehungsausübung oder Familien werden von mafiösen Clans daran gehindert, ihre Kinder in die deutsche Schule zu schicken.*
*Interessant ist es auch, dass sich die Schüler zunehmend verweigern, ein Berufspraktikum zu absolvieren. Antwort: Weiß nicht, keine Lust. Was willst du später mal machen? Antwort: Keine Ahnung. Hartz IV und „schwarz arbeiten" gehen beim Onkel oder so.*

*Was ist los, was haben die Pädagogen und Politiker falsch gemacht, dass sich dieses Virus so ausbreiten konnte??*
*Mir reicht´s, zumal wir keine Perspektive sehen, weder für die Schüler noch für uns. Wir werden unsere Konsequenzen ziehen und mittelfristig Berlin verlassen.*
*Mit freundlichen Grüßen*
*Horst Jürgens*

Freundlicherweise erhielten die Berliner Schulen in Berlin-Mitte einen Leitfaden zum Umgang bei auftretender Gewalt in der Schule, herausgegeben vom *Polizeipräsidenten in Berlin und der Senatsverwaltung für Bildung, Jugend und Sport – Außenstelle Mitte-.*
Das klingt wie eine Gebrauchsanleitung beim Auftreten von Läusen. Die Gewalt war aber unser täglicher „Mitschüler"!
Dort hieß es u.a.:
*Bei einem Vorfall im Unterricht in der Klasse:*
*Die Schüler zu einem schriftlichen Bericht auffordern.*
Aber wenn sie nicht genügend schreiben können, sollen sie den Hergang malen oder was bei ihrer Null-Bock-Mentalität?
Im Kapitel *Was soll nach Gewaltanwendungen gegen Lehrkräfte geschehen?* steht*:*
*Erkenntnisse aus Untersuchungsbefragungen besagen eindeutig:*
- *an Schulen, wo die Schülerinnern und Schüler einschätzen, dass ihre Lehrkräfte Gewalt eher ignorieren, liegt die Häufigkeit von Gewalthandlungen höher als*
- *an Schulen, wo die Schülerschaft einschätzt, dass Lehrkräfte Gewalt nicht hinnehmen.*

An meiner Schule traf das erst genannte zu.
Weiterhin wird empfohlen, die Tat *schulöffentlich* zu machen. Na, das Gegröle bei einer Schülerversammlung möchte ich nicht erleben. Aber gewagt haben wir dies Experiment nicht; vielleicht aus Angst vor den unvorhersehbaren Folgen.
Weiter heißt es:

Als frühe, ernst zu nehmende Warnzeichen gelten:
- *ernste körperliche Auseinandersetzungen mit Gleichaltrigen* ( bis das Blut spritzt oder wann interveniere ich?) oder mit Familienmitgliedern ( Nein danke, die Erfahrungen haben wir schon gemacht)
- *schwere und absichtliche Zerstörung des Eigentums anderer* (Tische zerkratzen, Feuerlöscher entleeren und Türen aushängen; gehört das schon dazu?)
- *Und schließlich gibt es noch die Möglichkeit einen Strafantrag zustellen bei z.B. Beleidigung,* (reicht schon der Satz: *Du Opfer!* aus?), *Diebstahl geringwertiger Sachen und Sachbeschädigung.*

Das habe ich gemacht mit dem Erfolg, dass das Verfahren mangels Beweisen eingestellt wurde. Es waren zweimal mein CD-Player abhandengekommen.

Es war für mich frustrierend, dass nichts passiert ist und ich meine Zeit damit verbringen musste.

Ob dieser Leitfaden hilfreich war, kann ich nicht immer bestätigen. Theoretisch klingt alles wunderbar, aber in der Praxis fehlt mal wieder Zeit, Geduld, Personal, Akzeptanz bei einer Anzeige wegen verbaler Gewalt.

Auf meine Frage hin, warum einige Jungen stets zwei Kapuzenjacken übereinander tragen, antworteten sie mir: *Damit man mich bei einer Gewalttat in der U-Bahn zum Beispiel nicht erkennt, ziehe ich nach dem ich gesprüht habe einfach eine Kapuze runter! Dann suchen sie einen Jungen mit blauer Kapuze, ich habe aber dann eine graue an, toll, nicht wahr!*

Ja, ein ganz toller Bursche.

An dieser Stelle möchte ich stellvertretend für viele meiner Jungen ein Beispiel eines Schülers darstellen, dessen Entwicklung schließlich in die Gewaltspirale führte.

Ich nenne ihn Eric, um seine Identität zu schützen. Er kam bereits 12jährig in meine vierte Klasse und fiel sofort durch sein schlechtes Benehmen und häufiges Schwänzen auf.

Deshalb habe ich nach kurzer Zeit einen Bericht an das zuständige Jugendamt verfasst, um Hilfe zu erhalten. (s. Anhang)

Alle vorgeschlagenen Maßnahmen wie Einzelunterricht, sind fehlgeschlagen. Sein schuldistanziertes Verhalten rührte sicher auch aus dem Elternhaus, nicht deutscher Herkunft, und so soll er nun, nach drei Jahren (14-jährig) in Jugendhaft gekommen sein.
Eric aus meiner Klasse war kein Einzelfall.

## Mein persönlicher Klassenkampf

Oft fiel wegen Lehrererkrankungen der Förderunterricht zugunsten des Unterrichts einer ganzen Klasse aus; das hieß, der Einzelne wurde nicht gefördert, weil auf der anderen Seite eine ganze Klasse nicht versorgt gewesen wäre. Das war ein Dilemma, zumal unsere Schüler dringend den Einzelunterricht brauchten. Die meisten hatten Sprachprobleme, einen unzureichenden Wortschatz und konnten auch in den oberen Klassen nur schlecht lesen, geschweige denn verstehen, was sie gelesen hatten. Ich fand es diesen Schülern gegenüber ungerecht, dass diese ihnen zustehenden Förderstunden meist zugunsten von Vertretungsunterricht ausfallen mussten.

Es wäre auch sinnvoll gewesen, sie in ihrer Muttersprache zu unterrichten, denn beide Sprachen können sie kaum und dann müssen sie auch noch Englisch lernen. Wahnsinn! Dabei könnten sie – zweisprachig aufgewachsen- beruflich ihre Fertigkeiten doch einsetzen, oder?

Ich brauche wohl nicht zu erwähnen, dass diese so genannten Vertretungsstunden für mich immer die Hölle waren: meistens traf es den Lehrer völlig unerwartet morgens um 8 Uhr vor Schulbeginn, wenn er zur Vertretungstafel eilte.
Unsere Schülerschaft akzeptierte nur ihren Klassenlehrer als eine Autoritätsperson, alle anderen Lehrkräfte wurden in diesen Vertretungsstunden oft fertig gemacht. Für mich war es jedenfalls immer die Hölle. Schon als ich den Klassenraum betrat, brüllte mich ein

Haufen kreischender Mädchen und Jungen an: *Wir haben nicht bei Ihnen! Wer sind Sie überhaupt? Wir haben jetzt Sport!* So dröhnte es in meinen Ohren. Das einfachste für mich wäre der Sportunterricht gewesen, da ich hier meine absolute Professionalität hatte. Aber entweder war die Sporthalle besetzt oder viele hatten keine Sportsachen dabei.

In meiner Klasse mussten meine Schüler die Sportsachen immer in der Schule lassen, so dass wir jederzeit – wenn die Halle frei war- Sport und Bewegung machen konnten. Ich hielt dieses Fach für äußerst wichtig, hatten unsere Schüler nicht nur einen hohen Bewegungsdrang, sondern auch schwere Wahrnehmungsstörungen bis hin zur mangelnden Wahrnehmung ihres eigenen Körpers. Das zeigte sich zum Beispiel darin, dass sich viele, besonders Jungen, nicht berühren ließen.

Aber aus den Vertretungsklassen prallte mir eine Schar unwilliger und respektloser Schüler entgegen. Letztendlich versuchte ich über das Ausmalen von Mandalas und unter Abspielung ihrer Musik, falls ich meine Meditationsmusik nicht durchsetzen konnte, sie zu beaufsichtigen und sehnte das Pausenklingeln herbei. Den ausgewiesenen Fachunterricht habe ich selten erteilt

## Vom Lehrpartner zum Klassenfeind?

Mein Unterricht – meine Klassen

Nach meinem Wechsel von der Grundschule an die Sonderschule erhielt ich eine 8. Klasse und mochte schnell jeden einzelnen der sechs Schüler und fünf Schülerinnen. Toll, mit nur neun Schülern anzufangen, das geht doch leicht, dachte ich. Dass das nicht so einfach war, erfuhr ich bereits am 1. Schultag: ich teilte einen Fragebogen aus, um sie und ihr soziales, familiäres Umfeld besser verstehen zu können. Diesen sollten sie mir ausfüllen, damit ich mir ein besseres Bild von meiner Klasse machen könnte.

Das Ergebnis war ein großes Erstaunen, als hätten sie noch nie ein schriftliches Arbeitsblatt erhalten. *Was steht da Das kann ich nicht lesen! Was soll das? Wieso interessiert Sie meine Familie?* Ich muss ehrlich gestanden sagen, ich war verwirrt. Woher sollte ich denn wissen, dass von den 8 Schülern nur eine Schülerin lesen und den Text auch noch verstehen konnte? Es lag ein hartes Stück Arbeit vor mir: der Lese-Schreib-Lehrgang. Denn von lesbarem Schreiben konnte auch keine Rede sein.

Bei den meisten Schülern, die ich in der 8. Klasse bekommen habe, hatte ich den Eindruck, dass sie noch nie in einer Schule waren. Es war sehr müßig ihnen beizubringen, dass sie ihre Arbeitsmaterialien vollständig mitzubringen hätten, ebenso verlangte ich Pünktlichkeit und angemessenes Verhalten während des Unterrichts. Es ging nicht an, dass jemand während des Unterrichts die Klasse verlassen wollte, um bei der Sekretärin zu telefonieren, weil das Handy während des Unterrichtes aus sein muss. Ebenso waren immer dieselben nicht in der Lage, für 45 Minuten die Klasse wegen eines wichtigen Toilettenganges nicht zu verlassen. Natürlich wollten sie sich mit Gleichgesinnten treffen, um eine zu rauchen oder zu kiffen. Im Kollegium kam es nicht zum absoluten Konsens, die Kinder nicht mehr während des Unterrichts, schon gar nicht in Gruppen, zur Toilette zu lassen. Einige Kollegen fanden dies unmenschlich.

Entschuldigung, die Kinder waren immerhin schon 14 Jahre und älter! Ich habe diese Einstellung nicht teilen können. Erster Rums in meiner Schullaufbahn. Der nächste folgte prompt, als ich vorschlug, das Kauen von Kaugummi während des Unterrichts zu unterbinden. *Das kann man doch nicht verbieten; die Kinder sind es gewöhnt und können sich besser konzentrieren…* Dass ich die wiederkäuende Masse nicht sehen konnte, war wohl auf meine persönliche Empfindsamkeit zurück zu führen. Nachdem das Rauchverbot endlich auch für die Schüler galt, war ich froh, dass zumindest dieser Kampf vorbei war.

Es ist nicht so, dass diese Schüler 7 Jahre nichts in der Schule gelernt haben, vielmehr sind sie in der Anfangsphase des Lese-Schreib-Lehrganges irgendwo hängen geblieben, und sie konnten dieses Defizit auch nicht aufholen. Da die Fähigkeit des Lesens in allen Fächern vorausgesetzt wurde, fielen sie in der Grundschule bald durch schlechte Leistungen auf, wurden getestet und - auf mir nicht immer nachvollziehbare Weise- zu „Lernbehinderten" etikettiert. Damit hatten sie den Zutritt zur Sonderschule, wie es früher noch hieß, erworben. Nun nennen sich diese Anstalten Förderzentrum mit dem Schwerpunkt *Lernen*!!!!! *Ich bin da, um euch zu helfen. Ihr habt ein Problem mit dem Lernen und dabei will ich euch helfen.* So stand es an unserer Klassentür neben unserem Klassenschild mit Foto. Es war mir wichtig, das den Schülern immer wieder mitzuteilen, da sie aus ihrer bisherigen Schulkarriere schlechte Erfahrungen gemacht hatten.

Lisa, eine durchaus frühreife und verantwortungsvolle Schülerin, kam aus einer Alkoholiker Familie, Vater unbekannt, und musste sich frühzeitig um ihre drei jüngeren Geschwister kümmern. Da sie fließend lesen konnte, die Inhalte verstand, versuchte ich sie zu fördern mit Arbeitsaufgaben der höheren Klassenstufe. Sie war für mich wieder ein Beispiel dafür, dass unbequeme Schüler die Schule verlassen mussten, um an der Förderschule aufgefangen zu werden. Lernbehindert war sie sicher nicht. Sie fiel mir wegen ihrer Traurigkeit auf und ich suchte den näheren Kontakt zu ihr. Aber sie öffnete sich mir nicht, alle Informationen habe ich von einer Mitschülerin erhalten. Auch einen Hausbesuch lehnte Lisa ab. Sie hielt sich nicht an die Schulregeln und meinte, ihr Handy eingeschaltet lassen zu müssen, da ihre Mutter im Krankenhaus läge. Leider klingelte das Handy während des Fachunterrichts und sie wollte es sich auch von meiner Kollegin nicht wegnehmen lassen. Daraufhin wurde die Polizei alarmiert und führte Lisa ab, bis vor die Schultür. Dort blieb sie stehen und weinte bitterlich. Wahrscheinlich hätte ich mit meinem Vorwissen nicht so hart gehandelt. Aber die Fachkollegin konnte das nicht wissen. Jedenfalls sprach sich der Polizeieinsatz rasant schnell in der Schule herum und verlieh den Lehrkräften ein bisschen Respekt. Aber nur für kurze Zeit. Lisa fing an zu schwänzen und wurde später mit ihren Geschwistern in ein Heim untergebracht.

Eng mit ihr befreundet war Jacqueline. Bei ihr machte ich meinen ersten Hausbesuch, da sie oft schwänzte. Im Wohnzimmer saßen die kleineren Geschwister vor dem Fernseher, es stank nach Rauch und die Wohnung war zugemüllt. Die Mutter erwiderte, dass sie Jacqueline jeden Morgen zur Schule gehen sähe und war entsetzt, als sie vom Schwänzen erfuhr. Am nächsten Tag kam Jacqueline verstört in die Schule, offensichtlich hat es massiven Ärger gegeben, sie sprach mit mir nicht darüber, fand aber meinen Hausbesuch eine Frechheit.

Mitten während des Schuljahres kam Nicole in meine Klasse. Sie wurde auch wegen Dauerschwänzens zu uns überwiesen. Sie sprach perfekt Deutsch, konnte lesen und war in allen Fächern sehr gut, einschließlich Englisch. Wo war ihr Problem? Nicht in der Lernbehinderung, auch nicht im sozialen Verhalten, ich wusste es nicht. Sollte das Schwänzen ein Grund für die Umschulung gewesen sein? Sie war über das Klima an meiner Schule einfach entsetzt und schrieb einen ergreifenden Brief an die Schulleitung. Darin beschwerte sie sich über die Schule, die wie ein Knast auf sie wirkte, an der es nur „Verrückte" gäbe, über die rüden Umgangsformen der Schüler, mangelnde Stoffvermittlung und dass sie sich sehr unwohl an dieser Schule fühlte. Nach Rücksprache und dem Engagement meines Schulleiters konnten wir sie einer Hauptschule zuweisen. Das war auch richtig, sie war für meine Schule nicht geeignet..

Mohamed, ein unruhiger, nervender Schüler aus der Türkei, musste immer wieder wegen Beleidigungen seiner Mitschüler oder auch Beschimpfungen seiner Lehrerin aus dem Unterricht ausgeschlossen werden Da die Schule noch über keine Auffangmöglichkeit wie einer Schulstation verfügte, ließ ich Mohamed regelmäßig vor dem Büro unter Aufsicht unserer Sekretärin die Schulordnung abschreiben. Da dies auf Dauer natürlich nichts nützte, wurde sein

Vater in die Schule bestellt. Danach hagelte es zu Hause heftigste Schläge. Gespräche zur Aufarbeitung seines Fehlverhaltens fanden aus Zeitgründen der Eltern kaum statt. Als er aus erziehungspädagogischen Gründen für eine Woche aus dem Schulbetrieb ausgeschlossen wurde, überfiel er wohl gleich ein Mädchen und vergewaltigte es. Da das bedrohte Mädchen Angst vor Repressalien seiner Clique hatte, zeigte sie ihn zunächst nicht an.

Ich habe immer wieder erleben müssen, dass keines der Opfer – selbst wir Lehrkräfte nur selten- Anzeige erstatteten wegen Diebstahls von Fremdeigentum oder Beleidigungen der Person oder auch Gewalttätigkeiten gegen Lehrpersonen, da die Anzeigen entweder wegen der zunehmenden Fülle in Berlin Mitte nur sehr langsam bearbeitet werden konnten oder die Anzeigen von vornherein keine Aussicht auf Erfolg hatten. Die Angst vor Racheakten diverser Banden war begründet und ließ jede Tätigkeit im Keim ersticken. Auch den Diebstahl zweier privater CD-Player habe ich nicht gemeldet.

Selbst als eine Schülerin Zeugin wurde bei einer Sachbeschädigung am Auto meiner Kollegin, wollte sie keine Aussagen aus bekanntem Grund machen. Was sollten wir tun?

Mein erstes Jahr an dieser Schule war teilweise schön und es machte mir mit dieser, meiner Klasse oft auch Spaß, obwohl ich dieses Wort hasste. Aber ich versuchte, meine Schüler wenigstens einmal am Tag zum Lachen zu bringen, was mir mit meiner humorvollen Art auch meistens gelang.

Ich will aber auch nicht verschweigen, dass sich nach kurzer Zeit zwei Schüler mir gegenüber verbal immer aggressiver verhielten, so dass ich einmal kurz vor dem Heulen stand. Das merkte Dieter und meinte spöttisch zu seiner Klasse gewandt: *Gleich heult sie!* Ich fand das gemein, hatte ich doch gerade für ihn so viel getan: Lesen beigebracht, Praktikumsstelle gesucht. Ob es an dieser zunehmenden Ablehnung mir gegenüber lag oder andere Gründe vorlagen, weiß ich nicht. Jedenfalls fing Dieter an zu schwänzen und zwar so lange, bis er in ein Jugendheim kam.

Diesem ging ein langer, bürokratischer Weg voran: Nach mehreren erfolglosen Anrufen in den ersten Tagen seiner Abwesenheit, meldete die Schule dem Amt, dass er nunmehr 10 Tage fehlte. Daraufhin gab es vom Amt eine Aufforderung zum Schulbesuch. Wieder tat sich nichts, so dass ich die 1. Schulversäumnismeldung los schickte. Meine Schule erhielt zwar nach kurzer Zeit eine Kopie vom Bußgeldbescheid an die Familie, der aber nicht beglichen werden konnte, da die Familie von Hartz IV lebte und somit zahlungsunfähig war. Das habe ich öfter erfahren müssen. Unsere Eltern haben kein Geld für Mahnbescheide übrig, geschweige denn für Arbeitsmaterialien.

Bücher wurden den Schülern vom Amt gestellt, aber meistens haben die Eltern den dafür nötigen Bescheid nicht beigebracht, so dass meine Schule die Bücheranschaffung selbst von ihrem Budget bezahlen musste.

Für einige Kinder schien es dann auch eine unzumutbare Frechheit zu sein, als wir Lehrer darauf bestanden, die sich im Eigentum der Schule befindlichen Bücher wenigstens mit einem Schutzumschlag zu versehen. Da dies auch nicht geschah, beschloss ich für meinen Klasse, dass die Bücher- mit Namen versehen- in der Schule bleiben mussten. Von einer Erstattung bei Verlust des Buches konnte ich nicht ausgehen. Und Hausaufgaben aus den Büchern gab ich nicht auf. Schulhefte habe ich wegen der Einheitlichkeit selber bezahlt.

Mit dem Geld war das auch so eine Sache: für das Fach Hauswirtschaft/ Kochen sollten sie jede Woche 1 Euro bezahlen. Selbst diesem Betrag musste ich wochenlang nachlaufen. Einige kamen gar nicht mehr zum Kochunterricht, weil sie angeblich kein Geld hatte; aber das neueste Handy und sich lieber einen Döner kauften.

Ich denke, sie hatten keine Lust. Die Schule konnte auch wenig dagegen tun, wie ich oben bereits beschrieben habe. Selbst als die Polizeistreife drei meiner Jungen im Gesundbrunnencenter aufgriff, als diese einer alten Frau ihre Handtasche entrissen hatten, wurde

zwar die Schule informiert, aber getan haben wir nichts. Was sollten wir denn auch tun?
Machtlos!

Dieses Schuljahr ging relativ ruhig zu Ende.

## Neue Klasse- neues Glück

Aus mir nicht nachvollziehbaren Gründen und wegen einer starren Strukturvorgabe musste ich leider die Klasse nach diesem Jahr abgeben. Es war schon immer so, dass nach Klassenstufen 7/8 ein Klassenlehrerwechsel stattfinden musste. Einige Lehrkräfte wollten nur in den Klassenstufen 9 und 10 unterrichten.
    Nachdem ich wieder mit einer 7.Klasse anfangen musste, und sie wieder nach der 8. Klasse abgeben musste, bestanden meine Teamkolleginnen darauf, dass dieses Gewohnheitsrecht überprüft werden müsse. Wir setzten also schließlich bei der Schulleitung durch, künftig die Klassen bis zum Ende, d.h. bis zur 10. Abschlussklasse, durchführen durften. Dieses wurde im Schulprogramm verankert.
    Eigentlich freute ich mich auf meine 7. Klasse. Sie bestand aus 10 Schülern, davon 2 deutsche Mädchen und 1 Junge ohne Migrationshintergrund. Die anderen stammten aus türkischen und arabischen Elternhäusern. Vieles, was ich in der vorherigen Klasse falsch gemacht hatte, wollte ich nun besser machen: Ich folgte meinem Grundschulinstinkt und begann mit Offenem Lernen wie z.B. am Wochenplan. Der Vorteil lag auf der Hand, ich konnte mich besser um jeden einzelnen kümmern, immerhin konnten drei Schüler überhaupt nicht lesen. Ich fing also mit der Alphabetisierung an. Einen riesigen Erfolg hatte ich, als eine meiner Schülerinnen bei einem Unterrichtsgang allein das Schild vorlesen konnte: *Eisdiele*. Sie freute sich selber über ihren Leseerfolg.

Auf meinen Erfahrungen der letzten Klasse aufbauend, begann ich wegen den schwachen Leseleistungen aller Schüler zunächst nach der Methode (Jürgen Reichen) *Lesen durch Schreiben* den Lese-Schreib-Lehrgang. Dieser brachte leider zunächst nicht das erhoffte Ergebnis wie ich es in Bonner Schulen erhalten hatte. Immer wieder fehlten gerade die Kinder, die es so nötig hatten, krankheitsbedingt, Unlust, was weiß ich für Entschuldigungen -oder auch nicht -ich erhalten hatte.

Nun machte sich in den nächsten zwei Jahren eine deutliche Schulmüdigkeit breit, die sich darin zeigte, dass drei Schüler permanent zu spät kamen, ein Junge, Mohamed aus Bosnien - sogar bis zu vier Stunden - täglich und die Mädchen mit Schwänzen anfingen. Es gab Tage, an denen saß ich mit nur zwei Schülern zusammen. Tolle individuelle Förderung! Da ich – zum Glück – nicht unter Stoffdruck litt, ging ich die Schultage meist ruhig und gelassen an.

Erst als die Schüler ins drei-wöchige Praktikum mussten, war ich wieder gefordert. Niemand, der mit diesem Schülerklientel zu tun hat, kann nachvollziehen, welche Klimmzüge ich machen musste, um für meine Schülerinnen und Schüler einen Praktikumsplatz zu bekommen. Sie selber kümmerten sich herzlich wenig darum nach dem Motto: *Ich werde sowieso Hartz IV-Empfänger oder gehe bei meinem Onkel im Autohaus arbeiten.*

Ich klapperte mit dem jeweiligen Schüler verschiedene Lebensmittelmärkte und Werkstätten ab. Schließlich hatten alle einen Platz gefunden. Bei den obligatorischen Besuchen merkte ich schnell, dass einige Schüler an ihre Grenze gestoßen sind: Dieter. konnte z.B. nicht ausreichend lesen, um bei einer Drogeriekette die Ware in die richtigen Fächer zu sortieren. Also bemühte ich mich um einen neuen Platz. Er selber tat nichts dergleichen, weil es ihm egal war und er sich sowieso aufgegeben fühlte. Schließlich landetet er bei einer Firma und durfte den Gabelstapler fahren. Nach wenigen Tagen wurde er fristlos entlassen, da er Getränke geklaut hatte. Nun wurde er in der Schule betreut. Ich brauche nicht zu erwähnen, dass er in der Schule nie ankam.

Petra wollte in der Apotheke ihr Praktikum machen. Dafür musste sie Medikamente mit ihren lateinischen Namen einsortiert werden. Das schaffte sie aufgrund ihrer Leseschwäche nicht. Nach wenigen Tagen musste sie aufhören, da sie der Apotheke somit keine Hilfe war, im Gegenteil musste man ihr ständig nachhelfen.

Ein anderer Schüler, Ali, fehlte bei meinem Besuch schon am ersten Tag. Nach Rückfragen erfuhr ich, dass ihn sein Onkel abgeholte habe, damit mein Schüler für ihn etwas erledigen müsse. Natürlich kam er nicht wieder zu seiner Arbeitsstelle zurück. Er blieb die ganze Zeit verschwunden. Zu Hause habe ich niemanden erreicht. Andere Schüler berichteten mir, dass er bei einem Einbruch erwischt worden sei. Da er noch keine 14 Jahre alt – und damit strafmündig- war und sehr schlank, sei er in die Fenster von Geschäften geklettert und habe seinen Kumpels von innen die Tür aufgemacht, damit diese begehrte Elektrogeräte klauen konnten. Damals hätte ich von der Polizei schon einen Hinweis erhalten müssen, aber eine Kooperation zwischen Polizei und Schule gab es leider nicht. Als der Schüler wieder in die Schule kam, bestätigte er die Vermutungen und meinte lapidar: *Ich habe nicht geklaut, die anderen waren es! Die haben gesagt, was ich tun sollte.*

Meine Mädchen und die restlichen Jungen erledigten ihr Praktikum reibungslos. Nur entwickelten sie während der Schulzeit inzwischen Verhaltensweisen, die nicht mehr hinnehmbar waren. Ein Mädchen, Maria, wurde von den Jungen aus der Schule gemobbt, ohne dass ich dagegen etwas tun konnte. Maria weinte jeden Tag, sie war zwar etwas dicklich und dümmlich. Aber das gab niemandem das Recht, über sie herzuziehen und sie als Schlampe o.ä. zu beschimpfen. Während den Pausen wehrte sie sich gelegentlich mit Bissen und Spucken. Schließlich verließ sie die Schule.

Sarah kam aus dem Libanon, ein zickiges und launisches Mädchen. Sie rebellierte jede Stunde gegen alles. Sie folgte kaum dem Unterricht und quatschte ständig in die Klasse. Gespräche mit ihrem Vater führten zu keinen Konsequenzen; er nahm keine Hilfen durch die Schule oder anderer Institutionen an. Ihr Vater fühlte sich so hilflos, dass er beschloss, sie in ihr Herkunftsland Türkei zwecks strengerer Erziehung durch die Schule zu schicken und meine Klasse feierte ein Abschiedsfest. Sie wurde ordnungsgemäß von unserer Schule abgemeldet. Acht Wochen nach den Sommerferien tauchte sie wieder auf; sie habe so starkes Heimweh gehabt. Mag man glauben oder nicht.

Katrin, ein aufgewecktes Mädchen, geriet durch falsche Freunde auf die „schiefe Bahn" und kam nicht mehr zur Schule. Bei einem Hausbesuch zeigte sich ihre Mutter völlig unwissend und schimpfte auf die Schule, dass diese nicht in der Lage sei, ihr Kind zu beschulen. Nach einer offensichtlichen Aussprache mit ihrer Mutter kam Katrin wieder zur Schule.

Michael, ein auf den ersten Blick sympathisch wirkender Junge mit rumänischen Wurzeln, machte zunehmend frauenfeindliche Bemerkungen wie: *Alle Mädchen sind Schlampen, sie wollen genommen werden und ich werde sie züchtigen, wenn sie nicht gehorchen!* Dabei rasselte er mit seinen diversen Ketten am Handgelenk. Als ich seine Mutter darauf ansprach, entgegnete sie nur *Mein Sohn hat doch recht. Was wollen Sie eigentlich?*

An die Eltern kam ich nicht ran. Ich merkte meine Ohnmacht und sah auch verschiedene Kulturen aufeinander prasseln. Was konnte ich tun? Ich weiß es nicht. Ich fühlte mich immer hilfloser ob dieser menschenverachtenden Haltung. Ich hatte kein Problem damit, mit meinen Schülern über sie bewegende Themen wie Berufsfindung oder auch Sexualität zu reden.

Was mich wurmte, war ihre Einstellung zur deutschen Gesellschaft, zur Frau schlechthin. Dustin beleidigte mich wo er nur konnte, obwohl ich gerade für ihn doch so viel getan hatte. Sie fanden es auch unmöglich, Eltern zu informieren, wenn sie zu spät kamen oder geschwänzt hatten.

Jeden Nachmittag ackerte ich an meinem PC, stundenlang surfte ich im Internet auf der Suche nach akzeptablen Jugendthemen. Ich hatte den Eindruck, diese, meine Schüler zu verlieren. Wie konnte ich an sie noch rankommen? Ich war mit meinem Latein am

Ende. Lesen konnten sie noch immer unzureichend, den Text verstehen noch weniger, Mathematik blieb auf dem Niveau einer 4. Klasse hängen, Geschichte und Naturwissenschaften interessierte sie wenig, in Hauswirtschaft und Arbeitslehre schwänzten sie meist den Unterricht, und im Sport wollten nur die Jungen immer nur Fußball spielen.

Nachdem nun ein paar Schüler meine Wohnung ausfindig gemacht haben mit den Worten: *Na, jetzt wissen wir auch, wo Sie wohnen!* bin ich weg gezogen, aus Angst.

Ahmed, ein durchaus aufgeweckter hübscher Junge von 13 Jahren kam aus dem Libanon und bezeichnete sich als Palästinenser. Er erzählte, dass er um die Anerkennung seiner Heimat kämpfen wolle und auch zurück will ins Land Palästina, sobald es völkerrechtlich anerkannt worden sei.

Ich empfand Verständnis für seine hehren Ziele. Aber leider musste ich rasch erfahren, dass er wegen seines kriminellen Verhaltens oft aufgefallen war; er hatte bereits mehrfach andere Schüler – insbesondere die Grundschüler der uns gegenüber liegenden Schule – abgezockt, d.h. Geld verlangt oder ihr Handy herausgefordert, sonst würde er sie verhauen. Diebstahl in Geschäften war bei ihm an der Tagesordnung.

In einem besorgten Gespräch mit seinem Vater wirkte dieser auf mich völlig hilflos: *Ich weiß mit meinem Sohn nicht mehr weiter, er macht, was er will, er hat sich total verändert, seit wir in Berlin wohnen.* Also suchte ich ein Gespräch mit seiner älteren Schwester, die offensichtlich mehr Kontakt und Einfluss auf Ahmed hatte. Nachdem ich ihr meine Sorgen vorgetragen hatte, und auch ihr mitteilte, dass Ahmed in wenigen Tagen 14 Jahre alt wird und damit strafmündig, versprach sie mir, mit ihm zu reden. Dasselbe tat ich auch: *Ahmed, du hast schon über 30 Straftaten begangen, die bei der Polizei registriert worden sind. Wenn du jetzt 14 Jahre alt wirst, gehst du bei dem nächsten Vergehen in den Knast!* Ahmed antwortete mir völlig apathisch: *Frau Walpusky. Darüber machen Sie sich mal keine Gedanken, ich bin jetzt sauber.* Was auch immer das bedeuten sollte. Es wurde in der Schule ja auch erzählt, dass er mit Drogen dealte. Wie sollten wir Lehrkräfte das denn feststellen?

Meine Klasse machte mal wieder einen Unterrichtsgang zum nahe gelegenen Gesundbrunnencenter. Nebenbei erwähnte ich, dass ich ein neues Handy bräuchte. Sofort meldete sich Ahmed hilfsbereit: *Frau Walpusky, das hier müssen Sie nehmen, das ist gut.* Ich antwortete: *Ist das nicht ein bisschen teuer?* Woraufhin Ahmed. Entgegnete: *Ich kann Ihnen das besorgen. Morgen haben Sie es mit Quittung und Garantie!* Unglaublich, hätte ich mich darauf eingelassen. Ich untersagte Ahmed jegliche Aktivität und unterstellte ihm auch einen versuchten Diebstahl. Diesen wies er entschieden zurück. Diese Sache war erledigt.

Ahmeds 14. Geburtstag kam, wir feierten ihn in der Klasse und ich wirkte in einem persönlichen Gespräch nochmals auf ihn ein. Es war im Oktober. Nach den Weihnachtsferien erzählte jeder von seinen Ferien. Ahmed prahlte als Held: *Ich habe gesehen, wie im Autohaus ein Brand gelegt worden ist und habe die Feuerwehr gerufen.* Die Klasse war von seiner dramatischen Schilderung sehr angetan und –wir glaubten ihm, da der Vorfall bereits in der der Presse erschienen war.

Aber noch mehr verschlug es uns die Sprache, als wir wenige Tage später hörten- Ahmed kam nicht in die Schule- , dass Ahmed selbst mit Freunden der Tat überführt worden sei, und – da nun strafmündig- nach einem umfangreichen Strafregister in den Maßregelvollzug nach Berlin-Kiefergrund gekommen sei.

*Eine Jugendstrafanstalt ist eine Justizvollzugsanstalt, in der Jugendliche und Heranwachsende Straftäter bis zum 24. Lebensjahr (JGG §114) einsitzen.* (Quelle: www.Wikipedia.org) Diese Haftanstalt hatte ich im Rahmen einer Fortbildung erst vor wenigen Wochen besucht. Der Gefängnisdirektor machte eine interessante Führung durch die Anlage. Dabei erkannten einige Kollegen ihre Schüler wieder. Es waren nur Jungen im Knast. Der Direktor meinte an meine Schule gewandt: *Die meisten Schüler kommen aus Ihrem Kiez, und das nicht nur einmal. Sie kommen immer wieder bis sie 18 sind und dann in den Erwachsenen*

*Strafvollzug kommen. Wussten Sie das denn nicht?* Erstauntes Kopfschütteln unsererseits.

Zunächst kamen die Straftäter in Einzelzellen, bis sie sich durch angepasstes Sozialverhalten emporarbeiten konnten und in die nächste Ebene, einem 2-Bett-Zimmer, kamen bis sie schließlich zur Gruppenarbeit und zur Arbeit in den Werkstätten zu gelassen wurden. Bei Fehlverhalten fielen sie wieder eine Stufe ab Diese Regeln und Grenzen waren für die Jugendlichen verständlich und nur selten wurde gegen diese verstoßen. *Wer sich im „Knast" nicht an Regeln hält, geht unter,* so der Kommentar des Direktors.
Falls ein Junge völlig ausrastete, hatte die Anstaltsleitung die Möglichkeit, ihn in eine Gummizelle ohne Fenster und Mobiliar, auf einer Pritsche nackt nur mit einer Decke bedeckt, von Kameras überwacht, einzuweisen, damit er seinen Anfall austoben konnte.

Weiterhin erfuhren wir vom Direktor: *Es ist mir auch bekannt, dass die Eltern Ihrer Schüler von der Muslim-Bruderschaft aufgesucht werden und ihnen untersagt wird, mit Deutschen in Kontakt zu kommen. Ihre Botschaft lautet: Wir haben die Macht, hältst du dich nicht an unsere Anweisungen, wird deiner Familie Schlimmes passieren.*
Das klang für mich so unglaublich, dass ich mich erst einmal über diese Muslimbruderschaft informieren musste. Jeder kann das im Internet nachlesen und auch den Pressemitteilungen entnehmen.

Nach sechs Wochen kam Ahmed mit einem Entlassungsschein der JVA (Justizvollzugsanstalt) wieder zurück zur Schule. Als er mir das Schreiben zeigte, staunte ich nicht schlecht, als ich las, dass ihm auch noch die Fahrtkosten erstattet worden waren. Ist ihm wenigstens das Kindergeld während seiner Haft gestrichen worden? Das wäre doch mal ein konstruktiver Vorschlag. Im Buch von K. Heisig entdeckte ich ihn auf einem Foto. Später kam Ahmed in ein Erziehungsheim fernab von Berlin.
Ich hatte ihn verloren.

Erschütternd für mich war die Tatsache mitzuerleben, wie junge Menschen vor der Gesellschaft weggesperrt werden müssen. Was war in der Gesellschaft bloß schief gelaufen?

In diese Zeit fiel mein erster Zusammenbruch mit anschließendem stationärem Aufenthalt von vier Monaten in einer psychosomatischen Klinik, was ich aber noch nicht ahnte.

Zum neuen Schuljahr wurde meine alte Klasse aufgeteilt und ich war für ein Schuljahr zunächst als Fachlehrerin eingesetzt; offensichtlich musste ich mich gegenüber der Schulleiterin beweisen, dass ich wieder voll einsatzfähig war.

Es sollte das schlimmste Schuljahr meiner Schulzeit werden!

So wurde ich nach dem „Hamburger Modell" wieder stundenweise in den Schulbetrieb eingegliedert und meist doppelt anderen Kollegen ihrem Unterricht zugewiesen. Konkret bedeutete das, dass ich in der Klasse beisaß und das ein oder andere Kind persönlich betreute oder auch kurze Unterrichtssequenzen vornehmen durfte. So ganz war mir die Aufgabenstellung der doppelten Klassenlehrer nicht klar. Ich fühlte mich nur als Anhängsel des federführenden Kollegen ohne Eigenständigkeit. Dies hat mir überhaupt nicht gefallen, alle Ideen und Vorschläge, die ich vorbrachte, waren der Kollegin nicht gut genug oder sie wurden abgeändert. Ich kam mir wie eine Auszubildende vor.

Zusammen mit der Klassenlehrerin sollte ich eine Gruppe der neunten Klasse auf ihre Präsentationsarbeit vorbereiten. Das hieß, dass sich die Schülerinnen und Schüler ein geeignetes Thema aussuchen, dies in Gruppen bearbeiten, um es schließlich einem Auditorium präsentieren zu können. In meiner Naivität und langen Diskussionen über ein den Schülern genehmes Thema ereiferten diese sich in der Vorstellung, über die Gefahren und den Einsatz einer Shisha Wasserpfeife (wie sie bei ihnen im Kulturkreis üblich war) zu referieren. Um ihre seltene Motivation nicht zu bremsen und auch aus eigenem Interesse wurde nun über die Shisha-Pfeife recherchiert, um mittels einem klar strukturiertem Poster einen Vortrag leisten zu können. Das kam offensichtlich nur bei den Schülern und nicht bei einigen Kolleginnen an.

Ich dachte, wenn eine Schülerin über ihren Haushamster referieren kann, wäre auch so ein Thema zugelassen, zumal die Schüler einen Teil ihrer Kultur uns vorstellen könnten. An dieser Stelle möchte ich auch nicht verschweigen, dass ich selber die Pfeife ausprobiert habe. Zu allem Unglück nahmen die Schüler nach der Präsentation ihre Pfeife mit nach draußen, setzten sich vor die Schule und rauchten genüsslich weiter. Da konnte ich mir einiges anhören. Ein Fehlschuss meinerseits, aber lustig war es trotzdem. Ich meinte noch zu diesen Schülern, wie blöd kann man denn sein und raucht trotz Rauchverbots in der Schule eine Wasserpfeife!? Das war auch eine der wenigen erfreulichen Ereignisse in diesem Schuljahr.

Ganz schlimm wurde es, wenn ein Schüler einem anderen zurief: *Ich ficke deine Mutter oder Schwester!* Der angesprochene sprang über den Tisch, der dabei umfiel, und ging dem Rufer an die Kehle. Wären nicht mutig einige Mitschüler eingeschritten, hätte es schnell zu einem Massentumult kommen können. Wieder fühlte ich mich denen ausgeliefert und machtlos. Ich kam gegen diese Bande einfach nicht an. Es war für mich die Hölle. Den Tränen nahe, ließ ich einmal in meiner Hilflosigkeit die Schulleiterin kommen. Sofort war die Klasse ruhig und schob die Störungen meiner Unfähigkeiten zu. Wortlos verließ die Schulleiterin den Raum.

Ich war in meinem Selbstbewusstsein ganz unten angekommen und begann, diese Zicken von Schülerinnen und Machogetue der Schüler zu hassen. Dass dabei meine Autorität – sofern ich sie in einer der 10. Klasse überhaupt vorher hatte – völlig untergraben wurde, ist die eine Seite. Auf der anderen Seite führten ständige Provokationen und Störungen der Schülerschaft zu verbalen Auseinandersetzungen, die im Gebrüll von uns allen und Eintragungen ins Klassenbuch – was aber meist ohne Folgen für den Täter blieb - als letztes Fluchtmittel der Lehrkräfte endeten. Einige Schüler verließen unter Beschimpfungen: *Sie sind nicht unsere Lehrerin; Sie können gar nicht unterrichten; was Sie sagen, verstehe ich nicht; Sie können nicht richtig erklären usw.* den Klassenraum. Andere Schüler warfen aus Protest ihre oder fremde Hefte, Bücher und Stifte aus dem Fenster, einige telefonierten pausenlos mit ihrem Handy oder ließen lautstark ihre Rap-Musik abspielen.

Am schlimmsten für mich war der Fachunterricht in einer 10.Klasse. Für eine Vertretungsstunde in einer 10. Klasse hatte ich vorsorglich Arbeitsblätter vorbereitet, so dass ich Zeit hatte, mich im Klassenraum etwas umzusehen.

Ich traute meinen Augen nicht, als ich auf dem Lehrerpult einen abgedruckten Songtext vom Berliner Rapper Bushido fand. Es war für mich unfassbar, dass derart frauenfeindliche und Gewalt verherrlichende Texte im Unterricht durchgenommen wurden. Allein beim Überfliegen der Texte drehte sich mir mein Magen um. In diesem Moment hätte ich kotzen können, vor allen Schülern. Der Leser mag dieses Wort entschuldigen. Aber es passt zu meinen damaligen Gefühlen. Ich musste tagelang an diese Texte denken, ich bekam die Worte nicht aus meinem Kopf. Es war fürchterlich. Dann überlegte ich, wie eine junge Lehrerin so einen Text im Unterricht durchnehmen konnte. Natürlich verstehen die Jugendlichen nicht die Klassiker wie Goethe und Schiller, aber hätten es nicht moderne Schriftsteller auch getan? Zum Beispiel *Herr von Ribbeck auf Ribbeck im* Havelland von Theodor Fontane?

Ich fühlte mich machtlos, mit dieser Kollegin darüber zu reden. Zu sehr hat mich diese Episode belastet, nicht verstanden und diesen vielleicht unbedeutenden Text als eher harmlos abtun zu wollen. Was für eine Verrohung der Jugendlichen und der Sprache! Wie sollen sie lernen, zärtlich miteinander umzugehen, wenn solche Texte ihnen als „normal" vorgerappt werden?

Es gab Schüler, die nie etwas mitbrachten außer ihrem Handy oder anderen elektronischen Geräte, welche sie laut Schulordnung zu Beginn des Unterrichts an die Lehrkraft abgeben mussten. Diese wurden in einen klasseneigenen Karton gelegt, um sie am Vormittag im Lehrerzimmer zu deponieren und die Lehrkraft, welche in der letzten Stunde in dieser Klasse war, sollte diesen Karton dann wieder mitnehmen und die Handys wieder an die Kids zurück geben. Das klappte weder bei den Lehrkräften noch bei den Schülern. Rasch wurde die allmorgendliche Zeremonie der Abgabe mit unendlichen Diskussionen begleitet: *ich gebe es nicht ab, meine Mutter liegt im Krankenhaus und muss mich erreichen können, damit ich meine kleinen Geschwister von der Kita( Kindertagesstätte) abholen kann; vielleicht wird es geklaut, dann müssen Sie mir ein neues bezahlen…usw.* Genervt, aber bestimmend entschied ich: *Schalte es doch einfach aus und lass es in deiner Tasche, dann ist alles o.k.*

Leider wurden manche dann in der Pause mit ihrem doch nicht aus geschaltetem Handy erwischt und mussten dieses im Büro abgeben. Die Regelung, dass die Eltern es wieder abholen sollten, wurde selten eingehalten: sie kamen nicht, das Kind bekam ein neues Handy oder es wurde dann doch dem Kind zurückgegeben.

Ebenfalls erlaubten einige Kollegen das Kauen von Kaugummi außerhalb des Klassenraumes, was aber laut Schulordnung nicht erlaubt war wegen den nicht ablösbaren Resten des hin gespuckten Gummis.
Wiederholt empörte ich mich über die Inkonsequenz einiger Kollegen.

Ich habe mich sehr bemüht durch ritualisierende Vorgehensweisen den Schülerinnen und Schülern Orientierung und Sicherheit zu vermitteln. Dabei war unsere Tischrunde eine wertvolle und immer wieder bei Streitereien eingeforderte Möglichkeit.
Mut zum Loslassen, den Kindern etwas zutrauen; vielleicht ist das nur in den Grundschulstufen möglich, aber dann muss es auch spätestens hier erfolgen.

Meine Ideale von Erziehung und Bildung schwanden dahin. Ich fühlte mich zunehmend machtlos und unprofessionell. Hinzu kamen die fortwährenden Beleidigungen der Mitschüler und auch Lehrer: *Was willst du? Wer bist du eigentlich? Lass mich in Ruhe! Keine Ahnung! Scheiß drauf! Fick dich!*

Die Eltern waren wirklich keine Hilfe, sie kamen weder in die Schule noch waren sie einsichtig und wohl mit der Erziehung selbst überfordert. Die Schule konnte mir auch nicht helfen, hatten wir doch noch keine brauchbaren Konzepte gegen die Gewalttätigkeit unserer Schüler. Mein Vorschlag, einen Box Sack anzuschaffen, endete damit, dass dieser nach kurzer Lebensdauer wieder kaputt und damit unbrauchbar war. Mein Vorschlag, den Sportunterricht anders zu strukturieren scheiterte an dem Willen anderer Sportlehrer.

Woher kam es, dass ich ständig das Gefühl hatte gegen die Wand zu laufen?

Ich beschwere ich nicht über die umfangreichen und zeitraubenden Vorbereitungen für meinen Unterricht, Recherchen im Internet etc. , es war vielmehr die Respektlosigkeit der Schülerschaft und vieler ihrer Eltern, die Missachtung meiner Persönlichkeit, die permanente Beleidigungen meiner Person, die Ignoranz mancher Kollegen und die mangelnde Anerkennung meiner geleisteten Arbeit bei der Schulleitung.

All meine Versuche einer Umsetzung an eine andere Schule außerhalb meines Schulbezirkes scheiterten daran, dass ich keinen Tauschpartner fand. Wer geht schon freiwillig in den Wedding? Auch eine anderweitige Verwendung im Innendienst wurde von der Schulrätin abgelehnt, da dafür schwangere Lehrpersonen eingesetzt seien. Also blieb ich notgedrungen weiter an dieser Schule.

Nun verspürte ich immer stärker den Wunsch nach einer eigenen Klasse, eine Klasse, die ich früh fördern und nach meinen Vorstellungen erziehen könnte. Ich wollte mit einer 4. Klasse noch mal durchstarten. 2008 war es so weit: Ich erhielt völlig überraschend in der Konferenz am letzten Ferientag über einen Verteilungszettel mitgeteilt, dass ich als Klassenlehrerin der Klasse 4b zugewiesen worden sei. Das freute mich ungemein. Zu Hause angekommen, machte ich mich gleich an die Vorbereitungen für den ersten Schultag. Ich wollte alles geben, um mit dieser Klasse meine Bildungsziele zu erreichen:

- ✓ Selbstständiges Lernen einüben durch unterschiedliche Organisationsformen
- ✓ Fachliche Grundlagen stärken einschließlich einer gesunden Lebensführung

✓ Urteilskraft fördern durch Medienerziehung
✓ Teamfähig werden und damit Sozialkompetenzen erwerben

Hoch motiviert ging ich am Montag, dem 1. Schultag in die Schule.

# Der Anfang vom Ende

Dieser vierte Jahrgang sollte nun meine letzte Klasse werden, was ich aber noch nicht ahnte. Ich hatte mich nach einem Jahr Fachlehrerüberlebenstraining sehr auf eine eigene Klasse gefreut und war auch gespannt, welche Schülerinnen und Schüler ich bekommen würde.
Die neu gebildete vierte Klasse setzte sich aus Kindern von verschiedenen Grundschulen zusammen. Das war einerseits gut, da sich noch keiner als der „King der Klasse" darstellen konnte, sondern sich dieses Ansehen erst „erwerben" musste, andererseits war es auch schwierig, da der Leistungsstand bei allen unterschiedlich war. Es war für mich ein schwieriges Unterfangen, meine Klasse zu einer Gemeinschaft zu formen, die sich gegenseitig Respekt zollen sollte.

## Erster Schultag in meiner letzten Klasse

Lernen durch Bewegung, gezielte Wahrnehmungsübungen in allen Fächern und rhythmische Schulung sollten für meine neue Klasse die Grundlagen eines erfolgreichen Lernens werden.
Am letzten Ferientag vor Schulbeginn tagte die Lehrerkonferenz: kleine Begrüßung der Neuen und der Geburtstagskinder,

Klassen- und Raumzuteilung, Einteilung der Pausenaufsichten, bestellte Bücher waren nur teilweise geliefert worden.

Einige Klassenräume waren renoviert, andere – so auch meiner- bedurfte eines neuen Anstriches der abgeblätterten und überklebten Leimfarbe. Also schnell zum Baumarkt, Farbe gekauft und in Sonderschicht noch rasch gestrichen. Die 30 Euro habe ich natürlich selbst bezahlt, da ich vorher – wann wäre das denn gewesen? - keinen Antrag auf Zuschuss gestellt hatte.

Poster an die Wände, diese hatte ich zum Glück aus Bonner Zeiten mitgebracht, Arbeitsmaterialien aus Bonn einsortiert, Lehrerpult eingerichtet, Ablagekörbchen – auch diese hatte ich aus Bonn mitgebracht - mit Namen meiner Schüler versehen ,Pflanze aufs Pult – auch diese hatte ich .... – und auf die Tafel geschrieben: Herzlich willkommen!

Es war auch so gemeint, immerhin war ich gerne Kassenlehrerin und war sehr neugierig auf diese Schülerinnen und Schüler mit Lernstörungen. Mein Repertoire war schier unerschöpflich. Ich wollte ihnen gerne helfen, hatte doch so viel Erfahrungen gesammelt.

Mit selbst gebasteltem Klassenschild holte ich meine Schüler vom Pausenhof ab. Es fiel mir hier schon auf, dass die meisten Kinder ohne Eltern da standen. Was soll´s, dachte ich, die Kinder sind ja schon mindestens 10 Jahre alt und ihre Eltern arbeiten sicherlich. Von den angemeldeten 6 Schülerinnen und 6 Schülern waren nur 5 Mädchen und 4 Jungen erschienen.

Später ergaben meine Recherchen, dass 2 Jungen sich noch in ihrem „Heimatland" – was ich irrtümlich als richtig annahm , aber nicht besser wusste - befanden, da einer den Rückflug verpasst hatte und der andere dort krank wurde. Das fehlende Mädchen Leonie tauchte erst nach sechs Monaten auf, nachdem ich telefonisch niemanden erreicht hatte und zu Hause auch keiner angetroffen wurde. Es wurde eine Versäumnisanzeige verschickt.

Grund des Fernbleibens: *Wir wussten nicht, wo die Schule war.*

Mit selbst gebasteltem Klassenschild holte ich meine Schüler vom Pausenhof ab. Es fiel mir hier schon auf, dass die meisten Kinder ohne Eltern da standen. Was soll´s, dachte ich, die Kinder sind ja schon mindestens 10 Jahre alt und ihre Eltern arbeiten sicherlich. Zu viel Verständnis, was sich später noch als Fehler herausstellen sollte.

Kim war eine schüchterne, ängstliche Schülerin, die aufgrund eines Herzfehlers und hohen Fehlzeiten an meine Schule verwiesen wurde. Sie wurde von ihrer Mutter sehr umsorgt, durfte nicht am Sport teilnehmen, obwohl ich auch Bewegungsangebote außerhalb der Turnhalle gab, sie fehlte so oft, dass ich in ihrer Dyskalkulie nicht helfen konnte.

Marcel kam zunächst von einer Grundschule zur Überprüfung seiner Lernbehinderung in meine Klasse, was sich aber schnell als Fehldiagnose heraus stellte; er war offensichtlich unterfordert oder zeigte dadurch Verhaltensauffälligkeiten., offensichtlich war dies der Grund seiner „Abschiebung".

Ich war heilfroh, als meine Sarah endlich mal mit schwimmen ging; nachdem sie meist das Badezeug vergessen hatte oder ihre 14tägig Regel (mit 12 Jahren) hatte, da sie bestialisch stank. Keiner wollte neben mit ihr turnen oder neben ihr sitzen, bis wir Mädchen das Problem Körperhygiene thematisierten. Gleich zückte Esra ihren Deo Roller aus dem Ranzen und erklärte ihr, wie man damit umgeht. Das war freudig anzusehen. Alle lachten, aber keiner lachte sie aus

In den 4. und 5. Klassen konnte ich noch gut mit Elementen aus dem psychomotorischen Bereich die Schülerinnen und Schüler begeistern; zumal sie enorme Wahrnehmungsdefizite hatten. Die angebotenen Spiele, teils auch im Klassenraum durchführbar, machten allen Spaß

Da der Klassenraum sich im 2. Stock befand, fingen die ersten Schüler schon auf der Treppe laut an zu stöhnen: *warum müssen wir da oben sein? Gibt es keinen Fahrstuhl? Scheiß Schule, wie verdreckt sieht die denn aus?* Das nahm ich noch mit Humor.

Natürlich gab es im Klassenraum Rangeleien um die besten Plätze, falls es solche überhaupt gibt. War ich es gewohnt, dass die strebsamen Kinder am liebsten vorne beim Lehrerpult sitzen, so zog es hier die Jungs gleich in die hintere Reihe. Na und, dachte ich, das ist ebenso bei Jungs. Die Mädchen quetschten sich an einen Vierertisch.

Nachdem nun jedem ein eigener Tisch von mir zugewiesen worden ist, setzten wir uns in einen Kreis, um erste Kontakt miteinander aufzunehmen.

Die ersten Tage wurden überwiegend damit verbracht, den Kids mitzuteilen, welche Arbeitsmaterialien zu besorgen seien, was ich unter einem Info-Heft verstehe; nämlich: dass die Eltern regelmäßig dort hineinschauen wegen Informationen an sie oder Eintragungen meinerseits.

Mein nächster Irrtum: entweder konnten die Eltern gar nicht lesen oder ein Familienmitglied – meist Geschwister – übernahmen diesen Part oder – und das sollte all die Jahre zur Regel werden: niemand schaute mehr in diese Hefte.

Nach einigen sozialen Lernspielen und der obligatorischen Schulbegehung mit Hinweisen auf die korrekte Toilettenbenutzung ging der Vormittag zu Ende.

Mit dem letzten Klingeln lief eine Horde wild gewordener, laut schreiender Kinder aus dem Schulgebäude.

Mehr haben wir an diesem ersten Schultag nicht geschafft, aber ich war geschafft und – glücklich!

Es folgten Ausflüge in die nähere Umgebung, wobei manche Kinder offensichtlich noch nie ihren Bezirk oder den Kiez verlassen zu haben schienen.

Erst im nächsten Schuljahr entwickelten sich auch hier – wie in meinen früheren Jahren an der Schule – die Jungen zu äußerst aggressiven Kindern.

Mohamed folgte kaum noch einer Klassenordnung, rief ständig in die Klasse, sagte anderen vor und musste nahezu jede Pause vom Schulhof genommen werden, da er leicht und heftig ausrastete. Seine Herkunftsfamilie aus Bosnien hatte wenig Verständnis für die schulischen Belange. Die Mutter hatte fünf Kinder und war froh, wenn diese aus dem Hause war oder sie selber zum Putzen weg war. So bekam sie auch nicht mit, wer von ihren Kindern schwänzte.

In meiner letzten vierten Klasse hatte ich eine Schülerin Sara, 11 Jahre alt, (bosnischer Herkunft, Mutter Analphabetin), welche die älteste von sieben Kindern war. Sara kochte und putzte gerne, auch in der Schule und musste ihren jüngeren Brüdern dienen, das heißt, ihre Sachen aufräumen, Essen bringen. Den ganzen Tag lief der Fernseher.
Bei einem Klassenausflug entdeckte sie in der Berliner Zeitung ein großformatiges Bild ihres Bruders und sie schrie: *Hier ist mein Bruder, er ist in der Zeitung!* Den dazu gehörenden Text konnte sie nicht lesen.

Ihr Bruder (sieben Jahre alt) wurde in einer Tageszeitung als der „jüngste Räuber von Berlin" getitelt, nachdem er einer Frau versucht hatte, ihr Handy abzunehmen. Die Mitschüler waren entsetzt, da in der Zeitung auch Fotos ihrer Wohnung mit einem völlig chaotischen, zugemüllten Kinderzimmer zu sehen waren. Zu den Vorwürfen des Überfalls meinte die Mutter im Interview: *Ich habe ihm ein neues Handy gekauft.* Sie hat nichts verstanden.

Bis heute ist mir auch unverständlich, dass diese Mutter ihre Wohnräume fotografieren ließ. Sara war das so peinlich, als die gesamte Schule über ihre Familie den Zeitungsartikel gelesen hatte. Es sollte nach 6 Monate dauern, bis wegen den katastrophalen häuslichen Zuständen Sara mit ihrem jüngeren Bruder in ein Kinderheim kam und täglich mit dem Bus zur Schule gebracht wurde. Dieses Mädchen blühte sichtbar auf, sie war ordentlich und sauber gekleidet, erledigte ihre Hausaufgaben und wirkte glücklich, obwohl sie sehr an ihrer Mutter hing.

Über den Vater weiß ich nichts, außer aus ihren Erzählungen, dass er wohl jährlich zu Besuch kam, da er sich illegal in Berlin aufhalten würde. Anschließend sei ihre Mutter immer schwanger geworden, so dass sie nicht abgeschoben werden durfte.

Eine bosnische Familie – allein erziehende Mutter mit vier Kindern – Vater hielt sich illegal in Berlin auf – hatte auch eine vom Jugendamt gestellte Familienhelferin (Helfer aus demselben Herkunftsland, die auch die Muttersprache beherrschten),bekommen, diese wurde aber nach kurzer Zeit von der Mutter wieder abgelehnt: sie käme ohne Hilfe aus.
Nachdem sich ihr Sohn in meiner Klasse des mehrfachen Diebstahls verdächtigt worden war, gab es wieder eine Helferkonferenz und wieder wurde eine Familienhilfe organisiert. Bei einer von der Schule anberaumten Helferkonferenz trafen sich der Klassenlehrer, evtl. Fachlehrer, die Erziehungsberechtigten, ein Vertreter vom Jugendamt und die Schulleiterin, um über geeignete Hilfen und Maßnahmen zu beratschlagen.

Inzwischen hatten von meinen 10 Schülern 3 Schülerinnen einen Familienhelfer und von den sechs Schülern alle einen Familienhelfer; ein Schüler fehlte seit Monaten und war nicht auffindbar.

Ein anderer Schüler, Eric, begann tagelang zu schwänzen, wobei er seiner Mutter sagte, er sei in der Schule. Ich lud die Mutter zu einem Gespräch ein. Ich erklärte ihr, dass Eric immer ohne Frühstück zur Schule kommt und seine Kleidung zerrissen und verschmutzt sei. Es fehlten auch Turnsachen und Arbeitsmaterialien. Die Mutter hatte keine Antwort, sie müsse sich ja noch um das jüngere Kind kümmern, Eric sei ein kleiner Terrorist, ihre Worte. Ihr Sohn spielte sie auch ständig gegen seine Oma aus, die eine Straße weiter wohnte. Die Schule schaffte es nach vielen Anläufen, einen Familienhelfer vom Jugendamt für die Familie zu bekommen. Der Junge wurde zum verkürzten Unterricht, d.h. täglich zwei Unterrichtsstunden bis zur Pause, zur Schule geschickt.

Zeitgleich wurde mit ihm in der Schule von eigens dazu ausgebildeten Lehrkräften ein Konfliktbewältigungskurs angeboten. Auf meinen dringenden Wunsch hin, ihn zum Fußballclub anzumelden, erhielt ich verschiedene Resultate: mehrfach wollte die Familienhelferin ihn von zu Hause abholen, aber er war nie da. Die Mutter wusste angeblich gar nichts. Ein andermal flog er aus der Jugendfreizeiteinrichtung, da er wiederholt gestohlen hatte. Eric war ein klassischer Schulverweigerer, seine Mutter behandelte ihnen erzieherische Maßnahmen, die vonnöten gewesen wären. Der kleine Prinz eben. Wir waren machtlos.

Hussein, ein verträumter und intellektuell zurück gebliebener Schüler, mühte sich eifrig lesen und schreiben zu lernen. Als ich im Gespräch mit seiner Mutter diese bat, mit ihm lesen zu üben, war sie sehr erstaunt und meinte lapidar: *Dafür sind Sie doch zuständig!*

Dann gab es noch Mike, einen völlig überalterten, heftig pubertierenden Schüler aus Bosnien. Sein Alter wurde vom Amtsarzt auf 13 Jahre geschätzt, trotzdem wurde er bei den Zehnjährigen eingestuft. Außerdem wurde er aufgrund eines Behördenfehlers ein Jahr zu spät eingeschult. Das machte ihm und auch mir ständig zu schaffen. Nicht nur dass er alle um einen Kopf überragte, auch seine körperliche Entwicklung war weit fortgeschritten, dafür war er emotional etwas zurück geblieben. Seine Mutter, aus Bosnien kommend und allein erziehend, hatte überhaupt keine Zeit, sich um ihn zu kümmern, da sie putzen ging. Wenn ich ihr mitteilte, dass ihr Sohn unverschämt frech und beleidigend zu den Mädchen und Lehrkräften sei, wurde er geschlagen. Das war auch keine Lösung, sondern zeigte eine Wirkung in Richtung Gewaltspirale.

Abdul aus dem Libanon stammend, erklärte gleich, als er zum Halbjahr in die Klasse kam, er würde nur so lange in Deutschland bleiben, bis es den Staat Palästina gäbe. Dann kehre er mit seiner Familie zurück: *Ich bin ein Palästinenser und kämpfe für die Freiheit Palästinas und gegen die Juden!*
Sofort pflichtete ihm Hassan, sein Tischnachbar zu, obwohl dieser sein Herkunftsland Libanon nicht kannte.

Ich denke, dass die Kinder viele Informationen aus ihren Herkunftsland Libanon oder Palästina über das Internet auffangen, diese aber unreflektiert übernehmen.

Hassan aus dem Libanon selbst konnte weder lesen noch schreiben. Aber er war willig und erlernte nach einem Jahr endlich die Grundtechniken des Lesens und Schreibens. Im Vergleich zu Mike wirkte er in seiner Konstitution völlig zurück geblieben. Er durfte nicht auf den Spielplatz gehen, weil es regnete, er ging ohne Frühstück aus dem Haus, weil die Mutter noch schlief, er wechselte kaum seine Wäsche und ihm fehlte ständig Arbeitsmaterialien. Daraufhin kaufte ich ein 100er Pack Bleistifte. Von zu Hause erzählte er gerne, er liebte seinen kleinen Bruder und seinen nicht mit ihm im Haus lebenden Vater. Spielen tat er nur mit Computer-Spiel-Programmen. Ich erklärte ihm, dass dies nur für Erwachsene sei und er draußen spielen solle. Im Gespräch mit seiner Mutter war sie zunächst sehr aggressiv mir gegenüber, was ich mich in ihr Leben einmischen würde. Sie versprach dann doch Besserung.

In die 5. Klasse kam Marcel dazu, ein in meinen Augen aufgeweckter Junge aus Polen, der fließend Deutsch sprach, lesen konnte und in Mathematik der Klasse weit voraus war. Seine Förderung lag nicht in einer Lernbehinderung, sondern allein in seinem auffallenden Verhalten: Regeln gab es für ihn nicht, weder zu Haus noch in der Schule. Wenn er oft unterfordert war, stiftete er zu allerlei Streichen an: klebte den Mädchen Kaugummi ins Haar, bespritzte ihre Hefte mit Getränken, schrieb Liebesbriefe im Namen der Mädchen usw.

Diese Streitereien fand ich auch nicht schlimm, eher normal in diesem Alter. Es war leider nicht möglich, ihn wegen seinen guten Leistungen wieder von der Sonderschule zu bekommen. Er müsse erst einmal zwei Jahre hier bleiben, dann würde erneut entschieden werden, so die Schulleitung. Leider verrohte zunehmend seine Ausdruckweise dahin gehend, dass er die Deutschen als Judenfreunde und Neonazis beschimpfte. Ein klärendes Gespräch war nicht möglich. Er verkehrte in kriminellen Kreisen, gammelte mit älteren Jungen am U-Bahnhof Leopoldplatz rum und wurde ständig aggressiver. Beim Sexualkundeunterricht konnte er sich gar nicht beherrschen, ständig kam er seinen Kommentar ab: Ich fick dich! , woraufhin sich die Mädchen beschwerten. Ein weiteres Gespräch mit ihm folgte. Er wurde schnell gereizt und wütend und schrie mich a: *Ich ficke dich und deine Mutter!* Auf meine Antwort hin, dass meine Mutter verstorben sei, meinte er lapidar: *Dann ficke ich eben eine Tote, ist doch geil?*

In ihren Leistungen auffallend war Maria, ein Mädchen aus Polen. Ihr allein erziehender Vater kümmerte sich rührend um sie. Schließlich schafften wir es, dass sie an die Hauptschule wechseln konnte.

Leider entwickelte sich diese, meine Klasse, auch zu einer „schwierigen" Klasse. Fachkolleginnen beschwerten sich bei mir permanent über Störungen und Unlust der Kinder in ihrem Unterricht. Die Kolleginnen schrieben Eintragungen ins Klassenbuch, erteilten Verweise und ich musste dann den Kontakt mit den Eltern suchen. das war – wie bereits erwähnt –ein unmögliche Unterfangen. Die Kinder waren so sehr an meine Unterrichtsweise gewöhnt, dass sie keine andere Methode zuließen. Natürlich hat der Klassenlehrer es immer einfacher, aber das kann doch nicht sein, dass die Kinder sich anderen Kolleginnen verweigerten und die Durchführung eines Unterrichts boykottieren, eine vierte Klasse! Wo soll das hinführen?

Ich habe mir so viel Mühe gegeben, habe stundenlang an den Vorbereitungen gearbeitet, habe mich um Zusammenarbeit mit den Eltern bemüht. Was sollte ich denn noch tun?

In der fünften Klasse entglitten mir meine Schüler vollends; hatten sie keine positiven Vorbilder? Sie waren auch nicht besser als die anderen Klassen: Schulunlust, Störungen, Beleidigungen und Gewalt gegen alle und jeden.
Einerseits waren sie zugänglich und schenkten mir ein Paar Ohrringe, anderseits kam ich auch an sie nicht mehr ran, sie wussten

offensichtlich nicht, wie sie sich besser oder anders benehmen könnten. Ein Dilemma, aber wir steckten mittendrin.

Wir Kollegen kamen mit der Gewaltzunahme an der Schule nicht mehr klar, mussten uns beschimpfen lassen und manche bangten um ihre körperliche Unversehrtheit. Wo blieb eigentlich die Fürsorgepflicht unserer Dienstvorgesetzten? Diese habe ich mehrfach vermisst. Auch eine eilends geforderte Dienstbesprechung mit unserer Schulrätin führte ins Leere: *Ich kann nicht verstehen, warum Sie sich das antun!* (Anmerkung der Schulrätin zu unserer Ohnmacht gegenüber unserer Schulklientel). Schreiben Sie doch mehr Gewaltanzeigen, damit das (Schul-)Amt (oder welches Amt?) handeln kann.

Die erfolgte Erhöhung unserer Anzeigen führte mich und zwei weitere Kolleginnen zu einer Fortbildung in den Knast, nein, eine Fortbildung im Knast. Darüber schreibe ich mehr im Kapitel *Meine Schülerschaft.*
Vom einstigen Traumberuf ist nicht allzu viel übrig geblieben:
Eine unerträgliche Respektlosigkeit und erschreckendes Desinteresse der Mittel- und Oberstufenschüler ließen mich an meiner pädagogischen Professionalität immer mehr zweifeln…

*Meine Bildungsziele waren:*
*Selbstständiges Lernen einüben*
*Fachliche Grundlagen stärken*
*Urteilskraft fördern*
*Teamfähig werden.*

*Ziele nicht erreicht, setzen!*

Diese Ziele zu vermitteln habe ich mich sehr bemüht.
Nicht immer ist es misslungen.

Es sollte zu meinem nächsten und auch letzten Zusammenbruch kommen Ich wurde dauerhaft krankgeschrieben und habe die nun frei gewordene Zeit zum Schreiben dieses Buches genutzt. Es half mir auf zweifache Weise: Einerseits konnte ich meine schulische Vergangenheit gut bewältigen ohne eine Abrechnung mit der Schule vornehmen zu müssen, andererseits hoffe ich auf einen interessierten Leserkreis, welcher sich in dem einen oder anderen wieder erkennt und ihm neue Kraft zum Durchhalten oder Aufhören gibt.

Denke an deine Gesundheit,
ein anderer tut es nicht!

# Weg(e) aus der Misere

Gibt es Wege aus der Misere?
Meine klare Antwort: Ja, sie gibt es.
Auch wenn ich an meiner Schule nur von vielleicht 10% der Gesamtschülerschaft Berlins spreche, so stehen hinter dieser Prozentzahl Kinder, Jugendliche und deren Familien mit den unterschiedlichsten Problemen.
Sonst wären sie nicht an meine Schule gekommen. An vielen Schulen wurden sie durchgereicht. Sie haben eine Geschichte hinter sich, die nie erfreulich war.

Unsere Kinder an meiner Schule hatten alle ernst zu nehmende Verhaltensschwierigkeiten schulischer, pädagogischer, sozialer und psychologischer Art; sie brauchen eine intensive Betreuung, die die Schule allein nicht leisten konnte. Das einzelne Kind wurde nicht individuell angemessen förderbar. Die Klassenstärke ist mit maximal 15 Schülern nur dann nicht zu groß, wenn durchgängig zwei Lehrpersonen oder Sozialarbeiter, Sozialpädagoge anwesend sein können. Der Lehrer, ich, fühlte mich über Strecken allein gelassen worden und bin in meinem Leistungsvermögen – psychisch wie physisch- langsam aber sicher überfordert worden. Mehrere schwierige Kinder, wie es die Regel an meiner Schule war die nicht nur den Unterricht selbst, sondern auch mich kaputt machten, zeigten derart massive Verhaltensstörungen,

Um aus dieser Misere heraus zu kommen, halte ich es nach meinen Erfahrungen für unabdingbar, dass verschiedene Ämter in der Schule vertreten sind als da sind: das Jugendamt, der medizinische Dienst, die Polizeianlaufstelle, um eine engmaschige Vernetzung der auf die Jugendlichen einwirkenden Erziehungsmöglichkeiten durchsetzen zu können. Dies könnte zu einer wesentlichen Kooperation zwischen Schule und Elternhaus werden.
Wieso eigentlich darf ich als Klassenlehrerin nichts über die häusliche Gewalttaten meines Schülers erfahren oder dass der Bruder meiner Schülerin vorbestraft ist? Damit könnte ich doch einen besseren Zugang und Verständnis bei schwierigen Familien erhalten und regelmäßig Hausbesuche durchführen. Würde dies nicht auch die Arbeit der Lehrer entlasten?

Schwierige Familienverhältnisse liegen immer dann vor, wenn das Kind aus dieser Familie verwahrlost wirkt, ständig zu spät kommt, immer müde ist und ein Kontakt zu den Eltern nicht möglich ist. Das sind meine Alarmzeichen, die kaum noch beachtet werden können, weil es bei allen Schülern Alarm klingelt, die in unserer Schule sind. Sonst wären sie ja nicht hier!

Auch muss die Diskussion über Ordnungsgeld oder Kürzung des Kindergeldes oder der Transferleistungen als eine Möglichkeit der Sanktionen erlaubt sein, wenn die Kinder dauerhaft schwänzen oder ständig zu spät kommen. Wo bleibt die Pflicht der Erziehungsberechtigten? Diese Eltern verletzen ihre Sorgfaltspflicht!

Genügend Familienrichter haben schon längst hier Eingriffsmöglichkeiten gefordert.
Als besonders empfehlenswert möchte ich an dieser Stelle nochmals auf das Buch von K. Heisig verweisen mit vielen praktischen Tipps aus ihrer Sicht als Jugendrichterin.
Ich möchte gerne dazu einige Passagen wörtlich zu zitieren:

Nehmen wir mal Beispiele aus dem Ausland, wie Frau Kirsten Heisig in ihrem Buch (Das Ende der Geduld S. 167 ff.) beschrieben hat: *z.B. in London: Im Bereich der Prävention im schulischen Bereich ist der „Saver School Officer" aktiv... Sie sind den Schulen in Problembezirken zugeordnet und besuchen diese regelmäßig. Der Beamte erhält Einblick in die Daten der Schüler... Schulschwänzer werden zu Hause aufgesucht...*

*Besonders Schulen und Jugendämter sind in kleinen Einheiten zu verknüpfen. Ihre Zusammenarbeit sollte strukturell konzipiert und nicht von Einzelfällen abhängig sein. Ich würde diesen beiden Institutionen eine regelmäßige Zusammenarbeit in der Schule ermögliche. Damit würde dem beklagenswerten Effekt, dass beide Institutionen auf die Aktivitäten der jeweils anderen warten, entgegengewirkt.*

Die Schule ist aus meinen langjährigen Erfahrungen sicherlich nicht dafür ausgerüstet; die Lehrerschaft soll zwar bilden und erziehen, aber ohne fachkundige Unterstützung durch z.B. Sozialarbeiter, Sozialpädagogen, Erzieher und der Mitarbeit aus den entsprechenden Ämtern gelingt das nicht. Die Schule scheint mir aus finanzpolitischen Gründen als Reparaturbetrieb für verfehlte Bildungspolitik und für zunehmende defizitäre Familienprobleme missbraucht zu werden.

Jugendliche müssen für ihr Fehlverhalten Konsequenzen spüren, sofort. Zum Beispiel könnten sie im Kiez pflegerische Gartenarbeit leisten. Das würden sie sich überlegen, wie peinlich sie vor ihren Freunden stehen würden, wenn sie Unrat beiseiteschaffen müssten! Oder andere soziale Dienst absolvieren.

Jugendliche müssen ihre Grenzen kennen und deren Sanktionen, denn Langeweile verführt oftmals zu Gewalttaten.

# Neue Ziele- neue Inhalte

Wenn sich die Gesellschaft und damit sich auch ihre Kinder verändert haben, müssen die Bildungsinstitute darauf eingehen ggfls. müssen neue Ziele und Wege gegangen werden.

Im nächsten Kapitel möchte ich der Psychomotorik Raum geben, die meines Erachtens eine Bereicherung für meine pädagogische Arbeit darstellte.
Ich habe in den letzten Jahren feststellen müssen, dass in unseren Bildungseinrichtungen zu viel über den Kopf läuft, d.h. es werden zu viel kopflastige Fächer unterrichtet wie z.B. Mathematik, Deutsch, Englisch, Geschichte, Geographie usw.
Die ersten Fächer, die bei einem Vertretungsfall ausfallen, sind gerade die musischen Fächer wie Sport, Musik, Kunst.
Dazu aus ein kleiner Beitrag aus der Hirnforschung:

*Das Gehirn reift nicht in allen seinen Teilen gleichmäßig. Bis zur Pubertät folgen immer wieder Phasen des Abbaus von Verbindungen auf Phasen des Aufbaus in den einzelnen Arealen....Das Ausmaß dieser Verluste hängt nach Meinung des Neurobiologen Gerald Hüther davon ab, ob und in welchem Umfang die beiden Grundbedürfnisse gestillt werden können, mit denen alle Kinder auf die Welt kommen: das Bedürfnis nach Verbundenheit einerseits, die sich in Geborgenheit, Anerkennung und Wertschätzung ausdrückt, und das Bedürfnis nach Wachstum andererseits, also Entfaltung, Autonomie und Freiheit...*
( Czerny, S. 194)
*Lernen ist immer mit Emotionen verbunden. ( ebenda S. 196)*
*Regeln lernt das Gehirn...durch das ständige Erleben und Üben vieler Beispiele, die nach diesen Regeln ablaufen. Dies gilt sowohl für das Erlernen von Sprache, Grammatik oder Mathematik als auch für das Zusammenleben mit anderen Menschen. ( ebenda S. 199)*

Lernen ist erfolgreicher, wenn es mit positiven Emotionen verbunden wird: Lernen mit allen Sinnen erhöht den Lernerfolg. Hierüber habe ich schon 1991 einen Beitrag in einer pädagogischen Fachzeitschrift veröffentlicht.

Über ein in der modernen Pädagogik Einzug gefundenes Belohnungssystem erreichte ich viel mehr Lernerfolge als durch Tadel und negative Aufmerksamkeitsversuche; es sollte der Lernende angstfrei lernen.

Auch im Hundetraining hatte ich dieselbe Erfahrung gemacht: Mein Hund folgte besonders gut, wenn er für erwünschtes Verhalten ein Leckerli oder Streicheleinheiten bekam. Bei unseren Zöglingen war das auch nicht anders.

Viele Kinder kamen in meinem Kiez aus kinderreichen Familien, in denen nicht vorgelesen wurde oder sie nötige Zuneigung erfahren haben, die jedes einzelne Kind für seine Entwicklung brauchte. Zu früh wurden diese Kinder ihrer Kindheit beraubt und in erwachsene Verantwortungen gesteckt. Oft blieb dabei natürlich die seelische Entwicklung auf der Strecke. Hinzu kam noch das „feindliche" Umfeld auf der Straße, welches eine gesunde Mischung aller Jugendlichen und Kinder verhinderte. Anders als zu meiner Kindheit war die Straße keine Spielstraße mehr wegen des zunehmenden Verkehrsaufkommens.

Teilweise gut strukturierte Kinderspielplätzen ließen nicht immer die Abenteuerlust reifen. Oft waren sie verwahrlost und es hielten sich oft Personen aus verschiedenen Gründen - wie Dealern oder Drogen benutzende - dort auf, so dass sich viele Kinder andere Plätze suchen mussten.

Ein weiteres Kriterium der geistigen Verarmung sehe ich in dem enorm gestiegenen Medienkonsum und dem unkritischen Umgang mit elektronischen Verfügbarkeiten. Die Kinder reden nicht mehr miteinander, sondern sie reden mit dem Computer als imaginäres Gegenüber. Verbal können sie sich vielleicht austauschen, aber emotional gibt es keine Berührungspunkte. Daher ich bin der festen Überzeugung, dass gerade meine Schülerinnen und Schüler mit

Wahrnehmungsdefiziten mehr in den psychomotorischen Bereichen gefördert werden müssen.

Alle Schüler, die an meiner Schule ankommen, haben einerseits Störungen im Bereich der visuellen, akustischen als auch körperlichen Wahrnehmung, andererseits leiden sie unter emotional-sozialen Auffälligkeiten. Es müsste also das oberste Ziel sein, diese Defizite gezielt abzubauen. Leider haben die wenigsten Lehrer und Sozialarbeiter, Erzieher während ihrer Ausbildungszeit Zugang zum Bereich der Psychomotorik erfahren.

Deshalb möchte ich diesen Bereich – als praktisch orientierten – kurz skizzieren. Ich verweise an dieser Stelle auch an die umfangreiche Literatur

## Psychomotorik:

### Einheit von Seele und Körper

Der Begriff Psychomotorik weist auf die enge Verbindung von Psyche und Motorik hin. Seelische und körperliche Entwicklung stehen in enger Beziehung zueinander. Bewegung wird hier als Ausdruck der Geamtpersönlichkeit verstanden. Sehr deutlich ist dieser Zusammenhang bei Kindern zu sehen, wenn sie z.B. "vor Freude hüpfen" oder "vor Angst zittern". (www.psychomotorik-bonn.de)

Jedes Kind – besonders auch geistig Behinderte – haben ein Grundbedürfnis nach Musik, Rhythmik und Motorik .Lernen durch Bewegung, gezielte Wahrnehmungsübungen in allen Fächern, rhythmische Wahrnehmung , Raum- und Richtungsorientierung fördern die Entwicklung und setzen grundlegende Lernprozesse in Gang, die ihrerseits motorische, kognitive und soziale Handlungsfähigkeiten ermöglichen.

Und somit komme ich zu einem wichtigen Kapitel: Schulung der Sinne in der Schule. Ein gutes Klassenklima zeichnet sich nicht nur einen guten Kontakt zwischen der Lehrkraft und ihrer Schülerschaft aus wie ein gut strukturiertes Klassenzimmer; ich halte eine Basisruhe für einen erfolgreichen Lernprozess für unabdingbar: Kein Kind will und kann im Lärm lernen; es muss sich auf die Aufgabe konzentrieren und dafür braucht es Ruhe. Mit einem kleinen Trick kehrte in das lauteste Tohuwabohu Ruhe ein: ich spielte so leise Meditationsmusik oder auch Klassik ein, bis die Kinder so leise wurden, um die Musik zu hören. Ich brauchte sie nicht anzubrüllen: *Ruhe! Ruhe! Seid endlich mal still!*

Ein anderer Trick war die geöffnete Klassentür. Automatisch wurde die Klasse leise. Auch lagen für Phasen der Entspannung, die während den Freiarbeiten vom Kind selbst bestimmt werden konnten, entsprechende Materialien aus der Psychomotorik zur Verfügung: „Igelbälle" um jemanden zu massieren, Knautschbälle, um sich selbst abzureagieren, Chiffontücher und Balancekreisel zur Verbesserung der Koordination etc.

An dieser Stelle möchte ich auch erwähnen, dass zum guten Lernklima das Trinken während des Unterrichts ausdrücklich erwünscht war. Alle hatten ihre Trinkflaschen griffbereit, so führte dieser Vorgang nicht zur Störung, selbst wenn eine Flasche mal umkippte.

Die gegenseitige Toleranz und Hilfsbereitschaft habe ich eigentlich nur in der Grundschule (Klassen 1 bis 4) erlebt. Zur Förderung der eigenen und fremden Körperwahrnehmung boten sich zahlreiche Projekte an: einmal wurde der Körperumriss auf eine Tapetenrolle festgehalten, ein anderes Mal gab es die beliebte Partnermassage: einer lag auf der Matte, der andere knetete ihn auf dem Rücken wie einen Teig und belegte durch Klopfen die ausgerollte „Pizza" mit beliebigen „Zutaten". Das machte den Kindern einen riesigen Spaß. Schwerer war schon die Übung, auf dem Bauch liegend, zu erraten, auf welche Stelle des Körpers jemand einen Bierdeckel gelegt hat.

Gegen Ende des Vormittags, wenn die Kinder erschöpft waren und nichts mehr ging, legten sie ganz entspannt ihren Kopf auf ihre Arme auf den Tisch und ich las Phantasiegeschichten oder „Traumreisegeschichten" vor. Diese führten schon mal in ihrer entspannenden Funktion zum Einschlafen der Kinder. Herrlich! Auch ein Tipp für die Eltern, wenn ihr Kind abends nicht einschlafen will.

Dies sind nur wenige Beispiele. Um mehr nachzulesen empfehle ich entsprechende Bücher über Psychomotorik.

Wegen seiner erfolgreichen Umsetzbarkeit der Angebote in die Praxis und als ein gelungenes Konzept erlaube ich mir großzügig Passagen aus Veröffentlichungen des Fördervereins Psychomotorik Bonn wörtlich zu zitieren (Quelle: Homepage: www.psychomotorik-bonn.de):

*Der Förderverein Psychomotorik wurde 1985 als gemeinnütziger Verein in Bonn gegründet. Die Angebote des Fördervereins zielen auf die ganzheitliche Entwicklungsförderung von Kindern, die motorisch, kognitiv oder psychoregulativ auffällig oder behindert sind. Als pädagogisch-therapeutisches Konzept, das sich vor allem auf das Medium Bewegung bezieht, findet die Psychomotorik in immer stärkerem Maße Eingang in die Bemühungen einer umfassenden Entwicklungsförderung von Kindern.*

Ich darf aus derselben Quelle zitieren:

Ausgangslage

*... Neue Fragen erfordern neue Antworten. Da sich Kindheit mit dem gesamten gesellschaftlichen Gefüge verändert, werden sich auch Therapie und Pädagogik neu orientieren müssen.(Quelle: ebenda)*
*...Der offensichtliche Bedarf nach neuen Konzepten zur Entwicklungsförderung von Kindern findet auch in der starken Unterstützung durch Therapie (Kinderärzte, Kinder- und Jugend Psychiater, niedergelassene Therapeuten)und Pädagogik (Schulen, Kindergärten) seinen Niederschlag. Mittlerweile ist die Psychomotorik ein von Medizinern, Psychologen und Pädagogen anerkanntes Konzept. Dies zeigt sich u.a. darin, dass entsprechende Studiengänge und Schwerpunktbe-*

*reiche auf Universitäts- und Fachschulebene eingerichtet wurden. Über umfangreiche Fortbildungsangebote wie die der Rheinischen Akademie im Förderverein findet der Grundgedanke der Psychomotorik Eingang in die Ausbildungsinhalte von Erziehern, Heilpädagogen, Physio- und Ergotherapeuten / -innen.*

Zielgruppen

*Als bewegte "Schule der Sinne" tut Psychomotorik zunächst einmal allen Kindern gut. Vor allem aufgrund der sich mit der Gesellschaft verändernden Problemlagen von Kindheit wird die psychomotorische Pädagogik für breite Bereiche zum aktuellen Thema: Elternhaus, Kindergarten, Schule...*

*Als gezielte Förderung und Therapie spricht sie Kinder mit (Entwicklungs-) Auffälligkeiten jedweder Art, Kinder mit Lern- und Leistungsstörungen (hier mit besonderem Schwerpunkt hyperaktive Kinder), aber auch ängstliche, "misserfolgsgewöhnte" Kinder, die wenig oder gar keinen Spaß "an der Bewegung" haben, an.*

*... Ansatzpunkte der Förderung sind dabei nicht die Schwächen, Defizite oder Auffälligkeiten eines Kindes, sondern dessen Stärken, Bedürfnisse, Wünsche und Vorlieben.*

*Im Mittelpunkt steht die Förderung der Persönlichkeitsentwicklung und Handlungsfähigkeit des Kindes. Diese werden über den Erwerb von Ich-Kompetenz, Sach-Kompetenz und Sozial-Kompetenz erlangt:*

- Ich-Kompetenz ( seinen Körper wahrnehmen, erleben, kennenlernen, mit ihm umgehen
- Sach-*Kompetenz* *(die Umwelt wahrnehmen, sich an Umweltgegebenheiten anpassen, mit ihr umgehen können, sie verändern können)*
- Sozial-*Kompetenz* *( andere wahrnehmen, sich an diese anpassen, mit anderen sinnvoll umgehen, andere verändern können)*

*Phantasie, Eigenaktivität und Selbstbewusstsein der Kinder sollen über motorische Leistungen und Erfolge sowie Spaß und Freude angeregt und gestärkt werden...*

*Das kann sich an Verhaltensveränderungen ablesen. So z.B. dass das Kind*
- *mit gesteigertem Selbstvertrauen Alltagsaufgaben bewältigt*
- *sich gerne allein oder mit anderen ... bewegt und Freude am Spielen gewinnt*
- *die Lernleistung verbessert*

Ich würde aus meinen positiven Erfahrungen heraus mit dem Einsatz psychomotorischer Elemente noch weiter gehen und behaupten, dass sich in meinen Schülergruppen auf Dauer:

- Soziale Kompetenzen verbessert haben
- Die Kinder mehr Selbsterfahrungen gesammelt haben
- ihre Handlungskompetenzen erweitert wurden
- Ohne Leistungsdruck und Prüfungsängste lernten
- Die Freiwilligkeit gefördert wurde
- Spaß an der Bewegung hatten
- Grenzen selber setzen konnten
- Sich im freudvolles Miteinander (Kooperation) übten (Schule macht Spaß)
- Sowohl ihr Selbstbewusstsein als auch ihr Selbstwertgefühl gestärkt werden konnte
- Oft Aggressionen sinnvoll abgebaut wurden (boxe, tobe, raufe / trommele dich frei!)
- Ihre taktil-kinästhetische Erfahrungen (Reizung der Hautsinne) verbessert werden konnten

Ich hatte auch erlebt, dass meine hyperaktiven Schüler mit der in ihrer Schülerakte manifestierten Diagnose ADHS (**A**ufmerksamkeits**D**efizit**H**yperaktiväts-**S**yndrom) langsam ruhiger wurden und besser beschult werden konnten.

Diese Kinder, deren Hyperaktivität Ausdruck von Aggressionen war und auch Teilleitungsschwächen zeigten, brauchten andere Zugän-

ge zu den Inhaltsstoffen! Diese Kinder brauchten andere Bewegungsräume!
In einem Pilotprojekt „Bewegung gegen Gewalt" in Bonn habe ich dieses Konzept mit sehr guten Erfolgen verwirklichen können.

## AufmerksamkeitsDefizitHyperaktiviäts-Syndrom

(Quelle: www. wikipedia.de)

### ADHS - Ursachen

Warum manche Kinder an ADHS erkranken und andere nicht, ist bislang nicht genau geklärt. Forscher vermuten aber, dass die Gene eine wichtige Rolle spielen. Als weitere Ursachen für ADHS werden unter anderem Umweltgifte und Nahrungsmittelallergien diskutiert. Nikotin, Alkohol und Drogen während der Schwangerschaft .(Dr. med. Katharina Larisch)

### ADHS -Symptome im Grundschulalter

- Regeln in Familie, Spielgruppe und Klassengemeinschaft werden nicht akzeptiert
- Stören im Unterricht, wenig Ausdauer, starke Ablenkbarkeit, emotionale Instabilität, geringe Frustrationstoleranz, Wutanfälle, aggressives Verhalten, schlechte Schrift, chaotisches Ordnungsverhalten
- Andauerndes Reden, Geräusche Produktion, überhastetes Sprechen (Poltern)
- Unpassende Mimik, Gestik und Körpersprache
- Ungeschicklichkeit, häufige Unfälle

- Lese-Rechtschreib-Schwäche, Rechenschwäche, Lernleistungsprobleme mit Klassenwiederholungen, keine dauerhaften sozialen Bindungen, Außenseitertum

**ADHS -Symptome im Jugendalter**
- Unaufmerksamkeit
- Geringes Selbstbewusstsein
- Null-Bock-Mentalität, Leistungsverweigerung
- Oppositionell-aggressives Verhalten
- Stark vermindertes Selbstwertgefühl, Ängste, Depressionen
- Kontakte zu sozialen Randgruppen
- Neigung zu Straftaten, Alkohol, Drogen

**Störungen**
Die häufigsten psychischen Störungen, die bei ADS / ADHS zu finden sind:
- Störungen des Sozialverhaltens 40 - 60%
  Lügen, Streiten, körperliche Aggressionen, Weglaufen, Schule schwänzen (häufiger bei Jungen als bei Mädchen)
- Angststörungen 25 - 30%
  Trennungsängste, Depressionen
- Entwicklungsstörungen 10 - 40%
  Lese- Rechtschreib-Schwäche 4-5% Rechenschwäche
- Tics 30%

**Ausschluss anderer Ursachen**
Für eine sichere Diagnosestellung ist es wichtig, andere Ursachen auszuschließen. Deshalb gehört eine Untersuchung der Seh- und Hörfähigkeit zu den Dingen, die der Arzt feststellt. Wer sich schwer tut, das Tafelbild zu erkennen oder Schwierigkeiten mit dem richtigen Hören hat, wird leicht als unaufmerksam abgestempelt. Schließlich kann eine andere psychische Störung ebenfalls als Ursache infrage kommen.

**Hilfen bei ADHS**

Bewährt haben sich bei ADHS Verhaltenstherapien, die auch Familie, Lehrer oder Erzieherinnen mit ins Boot holen und sogenannte Elterntrainings. Hier üben Mütter und Väter, ihr Verhalten auf die besonderen Bedürfnisse ihres Kindes einzustellen. Störungen wie Depressionen, Legasthenie oder motorische Probleme machen spezielle Therapie-Module notwendig.

Es mag den Leser nicht wundern, dass ich an der Sonderschule eigentlich ausschließlich derart auffällige Schüler hatte.

Über ihre Gewaltbereitschaft habe ich mich bereits im Kapitel *Migration und Kriminalität* ausgelassen.

Die Reformpädagogik impliziert individuelles Lernen. Somit hat sich für mich die Diskussion um die Inklusion von allein erledigt: Nicht die Kinder müssen sich nach der Schule richten, sondern die Gesellschaft muss Veränderungen akzeptieren, Bildungseinrichtungen müssen sich dem anpassen und nicht umgekehrt.
Die Arbeit mit den Elternhäusern erwies sich an meiner letzten Schule durch deren überwiegender Verweigerungshaltung als nicht durchführbar.
Gründe hierfür habe ich genannt.

# Was die Schule leisten könnte

Die Arbeitsbedingungen müssen so sein, dass sie der Lehrkraft nicht die Handlungsfähigkeit rauben und die Sinnhaftigkeit ihres Tuns täglich unterminieren.

Die Lebensbedeutsamkeit muss durch lebensorientiertes Lernen in die Schule gebracht werden, das hat meine Schule nicht geschafft.

Die Schule könnte ein Bindeglied zwischen den Institutionen und dem Elternhaus werden. In und für die Schule könnten die Schülerinnen und Schüler lernen, Verantwortung für die Gemeinschaft zu übernehmen zum Beispiel: jährliches Reinigen der Flure und Fachräume nach dem Motto: In einer schönen Schule mit positiver Atmosphäre, lernt es sich besser. Oder: Hier möchte ich gerne lernen. An meiner Schule hatten wir damit sehr gute Erfahrungen gemacht. Leider wurde diese Aktion nicht zu einem jährlichen Ritual. Schade.

Nach meinen Erfahrungen muss sich die Schule als Bildungsanstalt öffnen, d.h. verstärkt außerschulische Lernorte und Lernpartner mit in den Alltag einbeziehen, um die Schülerschaft insgesamt auf ihr Leben nach der Schule vorzubereiten.

Sie muss Bereitschaft zeigen in der Kooperation mit anderen Institutionen, sich kritisch einer Bestandaufnahme unterziehen unter Berücksichtigung schulspezifischer Gegebenheiten.

Der dem zugrunde liegende Gedanke der Reformpädagogik habe ich an anderer Stelle beschrieben. Die neue Schule sollte meines Erachtens ein *Haus des Lernen*s ein Ort innerer Ruhe werden und zwar ganztags, wobei eine freundliche Umgebung für alle in der Schule Beteiligten eine gute Voraussetzung für ein gutes Arbeits- und Lernklima sind.

Ein Ganztagsbetrieb erfordert eine gesunde Essensversorgung und eine Freizeitgestaltung mit einem kindgerechten Nachmittagsangebot. Dies würde auch Familien entlasten, vorausgesetzt, dass die Angebote kostenneutral sind. Die Ganztagsschule ermöglicht meiner Meinung nach am besten gleiche Bildungschancen für benachteiligte Kinder, um sie schließlich ausbildungsbereit und damit ausbildungsfähig zu machen

Ich hatte die Vision eines „*Bewegungsraumes*", der unter Einbeziehung von psychomotorischen Elementen so eingerichtet ist, dass die Schülerinnen und Schüler zur Ruhe kommen durch (Meditations-)Musik, leise klingende Instrumente, beruhigende Farbkompositionen im Raum, angenehme Düfte, Klangspiele; alles zur Förderung ihrer oft verkümmerten Wahrnehmungssinne. Ältere Kinder könnten jüngeren vorlesen und vieles mehr. Denn oft leiden die Kinder unter Bewegungsarmut oder dem Gegenteil, dem ADHS (Aufmerksamkeits-Defizit-Hyperaktivitäts-Syndrom) und der damit verbundenen unkontrollierten Hyperaktivität, und immer mehr Kinder haben Übergewicht und leiden darunter; ihre Seele ist krank und niemand merkt es.

Für die Pausenaufsicht würde ich vorschlagen, nicht lehrendes Personal zu nehmen, denn Lehrkräfte brauchen auch Pausen für Elterntelefonate, Kollegenaustausch, zum Kopieren oder auch nur zur kurzen Entspannung. Was wäre mit dem Hausmeister? Unmöglich an meiner Schule, aber andere Schulen haben tolle Ergebnisse bzgl. der Gewaltreduzierung auf dem Pausenhof gemacht. Hier würde sich der Einsatz von Schulsozialarbeitern oder dem Hausmeister anbieten.

Offener Unterricht, .d h. sich nicht stur nach vorgegebenen Stoffplänen richten, sondern die Heranwachsenden zum selbstständigen und eigenverantwortlichem, sozialen Lernen zu führen, einen kompetentem Computereinsatz im Klassenraum anbieten, Bildung von Neigungsgruppen, Teamarbeit, Erwerb von Lese- und Medienkompetenzen statt Medienkonsum, auch Klassen übergreifenden Projekte sind denkbar. Mit der neuen Art zu lernen, die alle Sinne einbezieht, können sich die Schülerinnen und Schüler den Stoff leichter einprägen, ist das Erinnerungsvermögen besser und die Disziplinprobleme könnten sich verringern.

Es gilt weniger Stoff in die Köpfe zu schieben als die Kinder und Jugendlichen zu mündigen, nachdenkenden Erwachsenen reifen zu lassen.

Ihr Selbstwertgefühl könte gestärkt werden durch gezieltes Selbstbehauptungstraining für die Mädchen und Anti-Aggressionstraining für die Jungen, wie es in fast allen Sportvereinen angeboten wird. An dieser Stelle möchte ich auf das Buch „Die 15 Gebote des Lernens" von Peter Struck verweisen. Äußerst interessante Gedanken und auch durchführbar.

Haben diese Schulformen nach heutigem Stand als Halbtagsschule und abgeschottet von anderen Schülergruppen überhaupt noch eine Chance? Schülerinnen und Schüler in ihrer Entwicklungsphase zwischen fünf Jahren und 14 Jahren brauchen positive Vorbilder, an denen sie sich orientieren können. Das war aber auf meiner Förderschule nicht gegeben.

Wie oder wohin sollten sich unsere Schülerinnen und Schüler integrieren, wenn es in der Klasse außer dem Lehrer keinen Deutschen mit dem Herkunftsland Deutschland mehr gab?
Wäre es dann nicht besser, diese Sonderschulen werden aufgelöst, damit die Kinder in die „normalen" Schulen gehen können, um sich an die dortigen Vorbilder zu orientieren? Wo blieben die Vorbilder für unsere Schüler? Nicht nur ich habe sie vermisst.

Einige reformfreudigen Politiker fordern Inklusion, d.h. aber doch, dass sich die Bildungseinrichtungen auf die gesellschaftlichen Veränderungen einstellen müssen, wenn behinderte und nicht behinderte Kinder gemeinsam beschult werden sollen. Das Kind muss da abgeholt werden, wo es momentan steht.

*Vor zwei Jahren attestierte der UN-Berichterstatter für Menschenrechte Vernor Munoz der Bundesrepublik mit Blick auf den Umgang mit behinderten Kindern eine „Politik der Absonderung". Der Unterricht an einer Regelschule soll jedoch tatsächlich die Regel, der an separaten Schulen für Behinderte die Aus-*

*nahme sein. So fordert es die* UN-Konvention *zu den Rechten von Menschen mit Behinderung.*
*...Die zuständigen Kultusminister wollen darüber zunächst drei Jahre lang in einer Arbeitsgruppe beraten. (Berliner Zeitung vom 30.3.2009)* Nun ist die Zeit fast um.

Was ich an Berliner Schulen erfuhr, war bestenfalls eine versuchte Integration unserer Schülerinnen und Schüler in ein bestehendes System, das sich Schule nannte. Und wenn es dort nicht klappte, wurden diese Kinder an die Förderschulen überwiesen.

Ich denke, die Bildungspolitiker müssen intensiv darüber nachdenken, ob sie die „Sonderschule für Lernbehinderte und verhaltensauffällige Jugendliche" nicht endlich zugunsten einer vernünftigen Integration in die Normalschulen vorantreiben sollen.

Natürlich muss es Sonderschulen für Mehrfach-Behinderungen (Blinde oder Gehörlose) geben, aber alle anderen Kinder nur mit sonderpädagogischem Förderbedarf sollten nicht isoliert unterrichtet werden. Es muss eine Inklusion im bildungspolitischen Bereich stattfinden. Die Kitas und Grundschulen mit ihren Eingangsklassen müssen personell viel besser ausgestattet werden. Es müssen rechtzeitig Defizite im Sprachbereich wie auch in der Wahrnehmung erkannt und gezielt gefördert werden. Das ist möglich, haben es doch schon viele Städte erprobt. Die auffälligen Kinder können und müssen temporär vom Klassenverband ausgeschlossen werden, um den anderen ein Lernen zu ermöglichen.

Wie oft habe ich erlebt, dass ein Unterrichten nicht möglich ist, da es zu viel Zündstoff – besonders nach den Pausen- gibt, der im Klassenverband - da wir keine Alternative hatten - erledigt werden muss.

Mindestens zwei Lehrkräfte gehören in den Klassenverband zuzüglich einem Sozialarbeiter, Sozialpädagoge oder Erzieher für Klassen mit besonders mit verhaltensauffälligen Kindern.
Es wird Zeit, dass hier etwas geändert wird.
Es wird Zeit über neue Sozial- und Bildungsstrukturen zu sprechen, über Integrationsmöglichkeiten und über den Platz, den der Islam

in deutschen Schulen eingenommen hat. Es wird Zeit eine konstruktive Debatte zu führen- und zwar jetzt!

Nur wenn wir Lehrer gemeinsam mit mehr pädagogischem Personal es schaffen, die Jugendlichen ganztags zu betreuen, können wir noch auf ihre Entwicklung und Bildung Einfluss nehmen; sie sind „weg" von der Straße.

Hilfreich in der Justiz wäre auch, das Haftrecht in der Art zu ändert, dass bereits die Begehung einer Gewalttat einen Haftgrund bewirkt, und zwar auch – und gerade – bei nicht erwachsenen Tätern.

Leider ist die Jugendstaatsanwältin Kirsten Heisig aus Berlin Neukölln im Sommer 2010 unter nie ganz geklärten Umständen plötzlich verstorben. Aber ihr Buch soll nicht umsonst geschrieben sein; ihr Buch (*Das Ende der Geduld*) gab mir die Motivation, selber ein Buch zu schreiben. Immerhin hat sie die Jugendlichen vor ihrem Richtertisch gehabt, die zuvor in meiner Schule waren, die ich also kenne.

Dabei erstaunte mich ihr differenziertes Wissen der Familien, das ich als Klassenlehrerin noch nicht einmal hatte.

Sie als Richterin wie auch die Polizei (ich verweise auf das interessante Buch von Gaertner/Saad: *Kampfzone Straße*) und ich auch fordern: Vernetzung von den unterschiedlichsten Ämtern wie Schule-Polizei-Jugendamt-Quartiersmanagement, Gesundheitsamt und dem Austausch von Informationen und Daten mit Außenstelle in den Schulen. Die Schulen und Ämter müssen eine beratende Funktion übernehmen, sie müssen Hilfestellungen geben. Dafür brauchen sie ausreichend Personal.

Das impliziert, dass alle an der Bildung und Erziehung Jugendlicher Beteiligten so früh wie nur möglich mit dringend notwendigen Maßnahmen beginnen als da sind: Sprachförderung bei Kleinkindern, Einhaltung der deutschen Gesetze bei Schuldelinquenz mit Sanktionierungsmöglichkeiten bis hin zur Kindergeld- oder Transferkürzungen.

Ich finde es nur konsequent, wenn Menschen, die sich nicht an die Vereinbarungen halten, damit rechnen müssen, dieses Land zu verlassen.

Die Elternmitarbeit gilt es zu stärken, z.b. in Form von Elternschulungen bei Erziehungsproblemen unter Einbeziehung der entsprechenden Ämter: Gesundheitsamt, Jugendamt usw.

Erwähnenswert ist z.b. ein kürzlich gestartetes Projekt auf der Insel Rügen: „*Die mobile Elternschule*".

*Dieser zufolge können Kindertagesstätten und Schulen auf der Insel die mobile Elternschule für ihre Elternabende beziehungsweise auch als Elternkurs nutzen. Themen sind unter anderem das Elterntraining „ Kinder in der Pubertät- Eltern in der Krise", Vorträge zu Themen wie Umgang mit „AD(H)S-Kindern" oder „Adipositas-Übergewicht im Kindesalter". (Ostseezeitung vom 12.11.2010)*

Wenn die Schulen autarker werden, mehr Eigenverantwortlichkeit bekommen sollen, dann ist eine wichtige Voraussetzung eine aufgeschlossene und gestaltungswillige Schulleitung, welche gemeinsam mit ihrem Kollegium ihre Visionen umsetzen kann: als Gemeinschaftsaufgabe im Sinne eines gleichberechtigten Teams, das miteinander kooperieren kann.

Andere Schulen haben es vorgemacht.

Oft schien es mir, als ab die Lehrerschaft keine Lobby hatten, ihr Beruf wird in der Gesellschaft nicht genügend geachtet, im Gegenteil, sie wurden sogar pauschal vom ehemaligen Bundeskanzler Gerhard Schröder als „faule Säcke" diskriminiert, frei nach dem Motto: *vormittags Recht und nachmittags* frei haben. Und dann noch die vielen Ferien! Warum halten sich immer noch dieser Berufsgruppe gegenüber so hartnäckig die Gerüchte und Vorurteile? Das ist ungeheuerlich und auch für alle engagierten Lehrkräfte unerträglich! –

Wo bleibt die Wertschätzung der pädagogischen Lehrkräfte? Die öffentliche Wertschätzung der Pädagogen war noch nie so schlecht wie heute. Allein gelassen von vielen Eltern, müssen wir Pädagogen immer mehr Aufgaben unter verschlechterten Bedingungen bewältigen und immer schwierigere Kinder bändigen. Wer sieht überhaupt, was die Lehrer und Erzieher in diesem Lande leisten? Einerseits will die Gesellschaft nur das Beste für die Bildung unserer Kinder, aber andererseits werden ständig Zuschüsse zu sozialen Projekten gestrichen.

*Statt Rückendeckung zu erhalten, stellen Politiker und die Öffentlichkeit ständig neue Aufgaben an uns Lehrer und Lehrerinnen. Pädagogen sollen nicht nur die Wissensvermittlung optimieren (aus: Focus 15/2001 S. 68)* sondern sie sollen auch die Migrantenkinder schnellstmöglich integrieren, am besten ihre Eltern gleich mit dazu.

*Zugleich wird erwartet, dass sie(die Pädagogen) gesellschaftliche Entwicklungen kompensieren wie etwa die Tatsache, dass immer mehr Kinder mit nur einem Elternteil aufwachsen. Zudem wird vorausgesetzt, dass sie Probleme wie Drogenmissbrauch, Rassismus, Gewaltbereitschaft auffangen helfen und über Aids aufklären. Selbstverständlich sollen sie lernschwache Kinder individuell unterstützen und hochbegabte fördern. (ebenda)*

Aber bitteschön, wie soll das funktionieren? Das allein schafft weder Schule noch die Gesellschaft. Hier ist die Politik gefragt. Ohne Bereitstellung zusätzlicher finanzieller Mittel ist eine Veränderung nicht zu schaffen. Immer mehr Lehrkräfte waren überarbeitet, ausgebrannt und psychosomatische Erkrankungen nahmen rasant zu. Das war nicht nur in Berlin so gewesen.

Ich erwarte von der Öffentlichkeit, gestützt durch die Politiker, Anerkennung meiner pädagogischen Professionalität, mehr nicht! Ich erwarte auch mehr Fürsorgepflicht meines Arbeitgebers. Es darf doch nicht sein, dass insbesondere bei Lehrkräften immer mehr psychosomatische Störungen zunehmen aufgrund des Arbeitsumfeldes und der mangelhaften Arbeitsbedingungen, diese wiederum zu Frühpensionierungen führen.

Dabei wollte ich nur einen guten Unterricht machen und mich nicht auch noch durch Übernahme nicht päd. Arbeiten (Elternanrufe, Kontakt zu Ämtern usw.) überbelasten.

Gerne hätte ich noch weiter gearbeitet.

Nochmals:

*Wir müssen uns gemeinsam Gedanken machen, wie es in dieser Gesellschaft weitergehen soll. Und wir müssen handeln.
Jetzt.* (Kirsten Heisig, ebenda)

**Außerdem gehören die besten Lehrer unseres Landes an die Schulen mit den meisten Problemen**

# Nachwort

Mit diesem Buch verabschiede ich mich von meinem aktiven Berufsleben, wohl wissend, zu einer Minderheit der Lehrkräfte zu zählen, die an der Ausübung ihres Berufes schließlich gescheitert sind.

Ich sorge mich um die vielen anderen Kolleginnen und Kollegen, denen es ähnlich wie mir ergangen ist und noch ergeht. Sie kämpften und kämpfen Tag für Tag ohne die ihnen gebührende Anerkennung vonseiten der Bildungseinrichtung als auch von der Gesellschaft.

Ich habe meinen Beruf sehr geliebt und ihn gerne ausgeübt. Ich beschwere mich nicht über die umfangreichen und zeitraubenden Unterrichtsvorbereitungen, Recherchen im Internet etc.; es war vielmehr die Respektlosigkeit meiner ‚Schülerschaft, die Ignoranz vieler Eltern, die permanenten Beleidigungen meiner Person durch die Schüler und die mangelnde Anerkennung meiner geleisteten Arbeit durch meine Schulleitung. Vielleicht waren meine Erwartungen zu hoch gesteckt? Nur die Rahmenbedingungen müssen stimmen, so, wie ich es versucht habe aufzuzeigen.

Letztendlich bin ich zu oft an die Wand gefahren, habe Unterstützungen vermisst und bin an diesem, meinem Engagement und meinen Erwartungen schließlich gescheitert.

Nach 36-jähriger Tätigkeit im Schuldienst endet mein Weg mit meiner Früh-Pensionierung nach vorangegangenem Burnout und einer finanziellen Einbuße von ca.10% meiner Versorgungsbezüge. Die 40 Jahre habe ich nun doch nicht mehr voll bekommen - meiner Gesundheit zuliebe.

Das ist **meine** ganz persönliche Geschichte.

# Anhang

Internes Curriculum Gesellschaftswissenschaften 7.Klassenstufe
Soziales Lernen

| Module (UE) | Themenfelder/ Bereiche | Handlungsfeld/ Anforderungen | Standards/ Lerninhalte |
|---|---|---|---|
| 1. | Kooperations- kompetenz | Sich selbst kennen lernen Andere kennen lernen Ich und meine Familie meine Klassengemeinschaft Klassen-Regeln erarbeiten | Kontakt aufnehmen Information über andere erhalten Ich-Buch erstellen Regeln bilden für das Verhalten in der Klasse und im Unterricht |
| 2. | Gesundheit | mein Gesicht, meine Sinne Andersartigkeit anderer erkennen Gesunde Ernährung | Selbstwahrnehmung fördern Psychomotorische Aufgaben Verantwortung übernehmen |
| 3. | Selbstwertgefühl | ich und der andere Gefühle verbalisieren | Selbstwertgefühl stärken Mit den eigenen Gefühlen und den der anderen umgehen können |
| 4. | Körpersprache | wie sehen mich die anderen ich interviewe einen Partner | non-verbale Spiele kooperative Spiele |
| 5. | Kommunikations- kompetenz | versch. Darstellungsformen: Gesellschaftsspiele Interview/ Dialoge Rollenspiele | Du- und Ich-Botschaften kooperative Spiele Bewegungsspiele |
| 6. | Konflikt-und Konsensfähigkeit | Jugendschutzgesetz; Rechte der Kinder Mobbing-Handlungen erkennen Auf Gewalt verzichten Konfliktfrei mit anderen zusammenarbeiten | Entwickelung und Übung von Strategien zur Erkennung von Konflikten Mediation als eine Möglichkeit der Konfliktlösung kennen lernen Kompromissbereitschaft zeigen |
| 7. | Eigene Lebensplanung | Konzeption einer ( eigenen) Wohnung | Präsentation |
| 8. | Job u. Zukunft | Infos versch. Medien entnehmen ( recherchieren) | |
| 9. | Empathie Rollen- spiele Körperwahrneh- mung | Szenisches Spielen | |
| 10. | Präsentation | Selbständiges Erarbeiten einer Präsentation im Team | systemische Spiele Einzelarbeit/ Partnerarbeit Formen des Dialogs (Zebu : Interview) Moderatorenarbeit ( Leitung einer kurzen U-Sequenz) |

Förderplan für: No Name   Klasse: 4b   Förderzeitraum:   Okt 05 bis Jan 06

| Lernstände (pädagogische Ist-Lage) | Ziele (Soll-Lage) | Maßnahmen |
|---|---|---|
| **Arbeits-und Sozialverhalten** (Niveaustufe) 1. Pünktlichkeit(I) 2. Ausdauer(II) 3. Kontaktfähigkeit(III) 4. Teamfähigkeit(I) 5. Frustrationstoleranz - u.Misserfolgsbewältigung (II) 6.Selbstständigkeit(II) 7.Lernmotivation(II) 8.Lernmethodik(I) 9.Präsentieren(II) | zu 1. morgens vor dem Klingeln in der Klasse sein  zu 4. Arbeit mit Partner | zu 1. Nachsitzen der verlorenen Zeiten   zu 4. Partnerarbeiten |
| **Emotional-soziales Verhalten** | Konflikte mit angemessenen sprachlichen Mitteln austragen | Reflektion ihres Verhaltens im Gespräch bewusst machen |
| **Sprachliche Entwicklung** a) Lesekompetenz  b) Methodenkompetenz c) Soziale Kompetenz | verständlich und zusammenhängend sprechen und lautgetreu schreiben  kennt alle Buchstaben erlernt die Schreibschrift | intensives Wahrnehmungstraining mit Arbeitskarten :(auditive, visuelle und rhythmische Wahrnehmung) Konzentrationsübungen synthetisch analytische Leseübungen Training der visuellen Wahrnehmung (der Gestalterfassung, der optischen Auffassungs-, Unterscheidungs- und Gliederungsfähigkeit, der Raum- und Richtungsorientierung) Lückentexte, Lesen mit Silbenbögen lesbare Abschreibübungen einfache Wortdiktate ( max 2-silbig) Leseinteresse wecken ( Klassenbücherei) |
| **Erwerb mathematischer Grundlagen** a) Sachkompetenz b) Methodenkompetenz c) personale Kompetenz d)Soziale Kompetenz | a) sicher im Zahlenraum bis 20 rechnen Sicherheit bei neuen Wegen oder Strukturen b) Rechenwege ermitteln d) Nimmt selbstständig Hilfen an, hilft auch anderen | Zu a: Einsatz von bekannten Hilfsmitteln Zu b: Förderung durch didaktisch aufbereitete Arbeitskarten  Zu d: bearbeitet differenzierte Arbeitsblätter |

**Weitere Vereinbarungen:** Lesetraining

## Förderplan

Schüler No Name Klasse 4b Schuljahr 2008/09 Förderzeitraum Oktober 08 bis

**Entwicklungsbereich**

| Bereiche | Ist-Stand | Ziele | Geplante Förderung | Erfolg |
|---|---|---|---|---|
| Lern – und Leistungsverhalten | Schulunlust | regelmäßiger Schulbesuch, Freude an der Schule entwickeln | Motivation durch Lehrer und/oder Mitschüler positive Verstärker früh einsetzen | |
| Sozialverhalten | Wenig Ausdauer, unbeherrschtes Benehmen | Konflikte mit angemessenen sprachl. Mitteln austragen | Partnerarbeiten einüben Reflektion seines Verhaltens im Gespräch bewusst machen | |
| Wahrnehmung und Bewegung | Defizite in allen Wahrnehmungsbereichen; | Kanalisierung des Bewegungsdrangs | Konzentrationsübungen; intensives Wahrnehmungs-training: (auditive, visuelle und rhythmische Wahrnehmung) Raum- u. Richtungsorientierung | |

**Fachbezogene Kompetenzen**

| Bereiche | Ist-Stand | Ziele | Geplante Förderung | Erfolg |
|---|---|---|---|---|
| Deutsch | kennt alle Buchstaben erlernt die Schreibschrift | Erlernen der Schreibschrift | intensives Wahrnehmungstraining mit Arbeitskarten : (auditive, visuelle ) Konzentrationsübungen Alphabetisierung, Methode: Lesen durch Schreiben, strukturiertes Fördermaterial Lesen mit Silbenbögen lesbare Abschreibübungen einfache Wortdiktate ( max 2-silbig) | |
| Mathematik | Erkennt Rechenvorteile und nutzt sie sicher im Zahlenraum bis 20, zählt bis 100- | sicher im Zahlenraum bis 100 Rechenoperationen durchführen; sauberes Zeichnen in der Geometrie | Einsatz von bekannten Hilfsmitteln bearbeitet differenzierte Arbeitsblätter | |

**Sonstiges: Vereinbarungen; Außerschulisches; Interessen; Stärken**

| | |
|---|---|
| Bibliothek | Besuch des Schulbuches mit Ausleihe von Büchern! |
| Jugendeinrichtungen Sportverein | Besuch desselben |
| Elternhaus | Hinweis auf gesunde Ernährung |

# PÄDAGOGISCHE FEUERWEHR (PF)

Aktennotiz      vom        10.12.08
Schüler/in: Hassan   Kl.: 4    Lehrer/in: Fr. Walpusky

Beteiligte: Mutter (Fr. XY)


Vorgang:

Hausbesuch bei Fam. Hassan, Gespräch mit der Mutter:
Die Erziehungsberechtigte wurde informiert, dass A. regelmäßig ohne altersangemessenes Frühstück und ohne Arbeitsmaterial erscheint. Die Mutter zeigte heftiges Erstaunen, alles wäre vorhanden. Es wurde nachgefragt, weshalb sie mit Vehemenz ein Erscheinen zur Aufführung der Schüler nächste Woche in der Schule ablehnt, wie es H. erklärt hatte. Sie müsse „zum Arzt" war zunächst ihre Antwort, dann, sie würde „morgen früh" zur Schule kommen, um mit der Lehrerin zu sprechen.
Auf Nachfrage zu den rötlichen Kratzern/Verletzungen in H.s Gesicht reagierte sie gereizt, ob H. nicht erzählt habe, dass sein Bruder ihn im Streit verletzt habe.

Ergebnis/Vereinbarung:

Die erziehungsberechtigte Mutter wurde angetroffen. Sie erschien am nächsten Tag in der Schule.
Hassan kommt seitdem mit kindgerechtem Frühstück in die Schule. Zur Aufführung erschien die Mutter nicht.


(per Mail)

Kenntnis gen.: _____

# PÄDAGOGISCHE FEUERWEHR (PF)

Aktennotiz vom 25.9.08 .
Schüler/in: Sarah Kl.: 4 Lehrer/in: Fr. Walpusky
Beteiligte/r: Mutter, Schülerin (Vorderhaus, 2. OG re.)

Vorgang:

Hausbesuch bei Fam. XY Gespräch mit der Mutter; die drei Schwierigkeiten wurden Fr. X dargestellt: S. tägliche Unpünktlichkeit, fehlendes Material, die fehlende ärztliche Untersuchung zur Schwimmtauglichkeit. Die Mutter reagierte zugänglich, erklärte jedoch auch ihre Überforderung: sechs Kinder, davon ein behindertes Kind in einer Einrichtung am Alexanderplatz, alleinerziehend.
Sie schicke S. täglich um 7.20 Uhr los, sie habe ihrer Tochter eine neue vollständige Federtasche mitgegeben. Die Schülerin erschien zu diesem Zeitpunkt und erklärte auf Befragen, sie habe einige Sachen im Regal, das habe sie der Lehrerin nicht gesagt...
Die Mutter versprach, den Arztbesuch umgehend zu erledigen und entschuldigte sich mit Zeitmangel wegen der anderen Kinder. Hinzu erklärte S. auf Befragen, sie habe Angst vor dem Wasser (Ich sagte, dies würde ich der Lehrerin mitteilen.)
S. versprach, ab morgen würde sie pünktlich sein (7.55 Uhr). Die Mutter nannte die Kontaktdaten der Familienhilfe (s.u.).

Ergebnis/Vereinbarung:

Mutter verspricht Arztbesuch und erklärt ihre Absicht, mit der Fam.helferin zur Schule zu kommen;
Schülerin verspricht Pünktlichkeit;

Familienhilfe: Fr. XY
einer Kontaktaufnahme durch die Lehrerin stimmte die Mutter ausdrücklich zu.

XXX( per Mail)
Kenntnis gen.: _____

**Tätigkeitsbericht zur Förderung nach §17 im Fach Deutsch** Schuljahr 2006/2007( 1 bis 2 Stunden pro Woche)

Schüler. XY , Klasse 4b Klassenlehrerin: Frau Walpusky

| | |
|---|---|
| **Stand zu Beginn des Schuljahres** | anhaltender Analphabetismus mangelnde Lesegelegenheiten |
| **Förderschwerpunkte- und -inhalte** | intensives Wahrnehmungstraining mit Arbeitskarten : (auditive, visuelle und rhythmische Wahrnehmung) Konzentrationsübungen Training der rhythmisch-melodischen Differenzierungsfähigkeit zum Erkennen der Betonungsunterschiede synthetisch analytische Leseübungen Training der visuellen Wahrnehmung (der Gestalterfassung, der optischen Auffassungs-, Unterscheidungs- und Gliederungsfähigkeit, der Raum- und Richtungsorientierung) Lückentexte Lesen mit Silbenbögen lesbare Abschreibübungen einfache Wortdiktate ( max 2-silbig) |
| **Ausblick für die weitere sonderpädagogische Arbeit** | dringende Weiterführung der oben genannten Übungen Empfehlung: Lesen durch Schreiben z. B. nach Sommer-Stumpenhorst Schaffen von Lesesituationen Lesen, lesen, lesen! Motivation, alleine kleine Erstlesetexte zu lesen evtl. in der Freizeit unter Mitarbeit der Familie |

**An das Jugendamt**
z. Hd. Frau XY

Betr.: Schüler Eric X.

Bericht

Aus gegebenem Anlass möchte ich Ihnen folgendes mitteilen:

Eric „schwänzt" wiederholt die Schule. Entschuldigungen habe ich noch nie erhalten.
Sein äußeres Erscheinungsbild ist ungepflegt.
Auch ein notwendiger Arzttermin (Vorstellung beim HNO-Arzt) ist nicht erfolgt.
Er hört schlecht, spricht selber sehr laut und es gibt Anzeichen für Polypen( verstopfte Nasen).
Termine bei mir, der Schule oder auch beim Zahnarzt werden nicht wahrgenommen.
Sein Pausenverhalten ist so gewalttätig gegenüber seinen Mitschülern, dass er deshalb öfters Pausenverbot bekommen muss.
Im Unterricht ist sein Verhalten massiv auffällig.
Nachdem in Kontakt mit Jugendeinrichtungen, zu denen Eric häufig geht (dem Haus der Jugend am Nauener Platz und der Remise an der Wollankstraße) genommen habe, habe ich über sein Fehlverhalten erfahren, welches sich auch gegen Gewaltausbrüche gegenüber den Erwachsenen zeigte. Sein Verhalten wird zunehmend aggressiver geschildert.
Es kam zu Zerstörung in einer der Einrichtungen. Auch „knackt" er Codes am PC, um an gesperrte Internetseiten heran zu kommen.
Eric macht auf mich den Eindruck, dass er dringend Hilfe braucht, um seinen Alltag strukturieren zu können. Seine Mutter oder die Oma sind offensichtlich nicht dazu in der Lage. Er übernachtet auch nicht ständig bei der Mutter, so dass er seine Erzieher gegenseitig ausspielen kann.
Hierbei habe ich die Befürchtung, dass er sich abends in „dubiose" Gesellschaften begeben kann, wenn keinerlei Kontrolle stattfindet.
Ich bitte Erics Hilferufe ernst zu nehmen und entsprechende Maßnahmen einzuleiten.
Mit freundlichen Grüßen
Ingrid Walpusky( Klassenlehrerin)

## Senat für Bildung und Wissenschaft I
## E 2.01

Anlage 3

Ergebnisse der Fehlzeiten-Statistik im 1. Schulhalbjahr 2006/07
Allgemein bildende Schulen

1. Fehltage nach Bezirk

| Bezirk | Anzahl der Fehltage | | Fehlquote unent- schul- digt[in Prozent] |
|---|---|---|---|
| | insgesamt | unentschuldigt | |
| Mitte | 164.257 | 35.422 | 1,30 |
| Friedrichshain-Kreuzberg | 127.486 | 20.551 | 0,90 |
| Pankow | 127.506 | 8.228 | 0,30 |
| Charlottenburg-Wilmersdorf | 117.003 | 17.162 | 0,67 |
| Spandau | 108.345 | 14.895 | 0,65 |
| Steglitz-Zehlendorf | 109.170 | 8.825 | 0,30 |
| Tempelhof-Schöneberg | 127.559 | 14.657 | 0,48 |
| Neukölln | 167.062 | 35.280 | 1,19 |
| Treptow-Köpenick | 93.348 | 6.827 | 0,35 |
| Marzahn-Hellersdorf | 118.119 | 12.001 | 0,51 |
| Lichtenberg | 119.022 | 11.900 | 0,53 |
| Reinickendorf | 133.994 | 20.739 | 0,75 |
| Berlin insgesamt | 1.512.871 | 206.487 | 0,67 |

2. Fehltage nach Schulart

| Schulart | Anzahl der Fehltage | | Fehlquote unent- schul- digt[in Prozent] |
|---|---|---|---|
| | insgesamt | unentschuldigt | |
| Grundschule | 615.590 | 41.030 | 0,28 |
| Hauptschule | 130.065 | 56.603 | 5,17 |
| Realschule | 106.716 | 12.883 | 0,68 |
| Verbundene Haupt- und Realschule | 35.432 | 12.168 | 3,13 |
| Gymnasium | 268.750 | 17.798 | 0,24 |
| Gesamtschule | 238.999 | 41.470 | 1,01 |
| Förderschwerpunkt „Lernen" | 61.483 | 19.740 | 3,38 |

| | | | |
|---|---|---|---|
| Förderschwerpunkt „Geistige Entwicklung" | 17.969 | 1.662 | 0,91 |
| Übrige Förderschwerpunkte | 37.867 | 3.133 | 0,62 |
| **Gesamtergebnis** | **1.512.871** | 206.487 | 0 |

Quelle: Berliner Abgeordnetenhaus Drucksache 16 / 12 423 Kleine Anfrage

## Migranten in der Berliner Schule
### Schuljahr 2000/2001

**Ausländische Schüler:**
Berlin insgesamt: 56129 (15,1%)
östliche Bezirke: 6844 (4,4%)
westliche Bezirke 49285 (23%)

**Schüler nichtdeutscher Herkunftssprache:**
Berlin insgesamt: 74750 (19,8%)
östliche Bezirke: 9826 (6,3%)
westliche Bezirke: 64924 (29,2%)

**Schüler nichtdeutscher Herkunftssprache - Verteilung auf Schularten:**
Grundschule: 44229 (25,4%)
westliche Bezirke: 38420 (34,6%)
östliche Bezirke: 5809 (9,2%)

Gymnasium: 8285 (9.6%)
westliche Bezirke: 7116 (14,7%)
östliche Bezirke: 1169 (3,1%)

Gesamtschule: 9419 (16,9%)
westliche Bezirke: 7624 (25,5%)
östliche Bezirke: 1795 (7,0%)

Realschule: 5233 (16,6%)
westliche Bezirke: 4826 (30,6%)
östliche Bezirke: 407 (2,6%)

Hauptschule: 5313 (33,4%)
westliche Bezirke: 4925 (45,1%)
östliche Bezirke: 388 (7,8%)

# Literaturnachweis:

- **Kirsten Heisig**: Ende der Geduld- Konsequent gegen jugendliche Täter vorgehen, Herder Verlag 2010
- **Heinz Buschkowsky**: Neukölln ist überall, Ullstein 2012)
- **Sabine Czerny**: Was wir unseren Kindern in der Schule antun... und wie wir das ändern können, Südwest Verlag 2010
- **Karlheinz Gartner/ Fadi Saa**: Kampfzone Straße- Jugendliche Gewalttäter jetzt stoppen, Herder Verlag 2012
- **Michael Winterhoff**: Warum unsere Kinder Tyrannen werden. Oder: Die Abschaffung der Kindheit, Gütersloher Verlagshaus, 11. Auflage 2008
- **Jochen Korte**: Alltag in der Sonderschule. Über die Schwierigkeiten im Umgang mit sogenannten Lernbehinderten. Beltz Verlag, 1982
- **Peter Struck**: Die 15 Gebote des Lernens, Primus Verlag Darmstadt 2011
- **Edith Wölfl**: Gewaltbereite Jungen- was kann Erziehung leisten? Anregungen für eine gender-orientierte Pädagogik. Ernst Reinhardt Verlag 2001
- **Cordula Neuhaus**: Das hyperaktive Kind und seine Probleme, Urania-Ravensburger Berlin 1966/99
- **Kurt Singer**: Wenn Schule krank macht Wer macht sie gesund und lernbereit? Beltz Verlag 2000
- **Wolfgang Hagemann**: Burn-out bei Lehrern, Ursachen, Hilfen, Therapien, Verlag C.H. Beck oHG München 2003
- **„Haus des Lernens"**, Denkschrift der Bildungskommission NRW, Konzept: selbstverantwortliche innere Entwicklung der einzelnen Schule, NRW 2001
- **Udo Ulfkotte**: Heiliger Krieg in Europa. Wie die radikale Muslimbruderschaft unsere Gesellschaft bedroht, Heyne Verlag 2. Auflage 2009

Aus dem Bereich der Psychomotorik:

- Information und Anmeldung: Rheinische Akademie im Förderzentrum Psychomotorik e.V. Bonn, Stieldorfer Str. 1, 53229 Bonn (www.psychomotorik-bonn.de)

- **Thomas Kaiser**: Bleib bei mir, wenn ich wütend bin. Wut und Aggression: So helfe ich meinem Kind, Christophoris mobile
- **Dr. Wolfgang Beudels**: Wut im Bauch und Wenn rohe Kräfte sinnvoll walten nachschlagen (Verlag Modernes Lernen 2002
- **Beudels, W/ Kleinz, N./ Decker, K.(Hrsg.)**: Außer Rand und Band Verlag Mod Lernen 2002
- **Lensing-Conrady**: Von der Heilsamkeit des Schwindelns. Dortmund: Gleichgewichtswahrnehmung als Motor für Entwicklung und Lernen. borgman publishing 2001
- **Beudels, W./Rudolf Lensing-Conrady:/ Beins 1994:** Das ist für mich ein Kinderspiel. Handbuch zur psychosomatischen Praxis, Verlag Modernes Lernen 2003
Hans Jürgen Beins, **Lensing-Conrady/ Pütz, G./ Schönrade, S. (Hrsg.)**: Wenn Kinder durchdrehen. Vom Wert des Fehlers in der Psychomotorik. Modernes Lernen 1999

## Vorankündigung:

**Erinnerungen an Baabe-
geprägt durch die Teilung Deutschlands**

Das Buch erscheint im Sommer 2015 im Pommern Edition Verlag

Geprägt durch den Bau der Berliner Mauer 1961 erlebte die Autorin als Zehnjährige hautnah die Folgen für das tägliche Leben der Menschen im geteilten Deutschland.
Rückblickend erzählt sie sehr emotional aus der Sicht eines Teenagers von dem Einfluss dieses Ereignisses auf ihre Reisen zu den Großeltern nach Rügen und ihren Bekanntschaften mit den dortigen Jugendlichen. Erst jetzt im Alter erkennt sie durch eigene Re-

cherchen die politischen und ideologischen Unterschiede zwischen Kapitalismus und Sozialismus und deren Auswirkungen auf die Menschen hüben und drüben. Die Wende 1989 ließ ihre Erinnerungen an die DDR wieder aufleben; zumal sie erst 1998 durch den plötzlichen Tod ihres Bruders auf seine Mitarbeit im MfS als IM „Maus" aufmerksam wurde.

Das Buch soll dem Leser einen Einblick verschaffen in die Gedanken einer Jugendlichen, welche mehr am Genießen des Lebens interessiert war als an politischen Diskussionen. Ihre Schilderungen über den „Fortschritt" des Berliner Mauerbaus und den damit erlebten Schikanen machen dieses Werk zu einer leicht lesbaren Lektüre. Vieles ist aus heutiger Sicht nicht mehr nachzuvollziehen. Aber es war die Zeit des Kalten Krieges und die der Ideologien. Das Informationszeitalter war noch nicht hereingebrochen.

Ein Buch, welches durch seine Authentizität den Leser in Bann hält.

Kurz-Biografie der Autorin

1951 geboren in West-Berlin
1961 Umzug nach Bonn
1975 Erwerb des Lehramtes für Grund- und Hauptschule
1975 Heirat, vier Kinder
2003 Umzug zurück nach Berlin
2011 Eintritt in den Vorruhestand

Die Autorin lebt in ihrem Großelternhaus im Ostseebad Baabe auf Rügen.
Sie schreibt Bücher, liest in verschiedenen Einrichtungen Kindern vor, hält eigene Lesungen und ist kommunalpolitisch aktiv.